21 世纪高等院校财经类专业核心课程规划教材

会计学基础实验

孔龙　雒京华/编著

经济科学出版社

图书在版编目（CIP）数据

会计学基础实验/孔龙，雒京华编著．—北京：经济科学出版社，2016.2

21世纪高等院校财经类专业核心课程规划教材

ISBN 978-7-5141-6598-2

Ⅰ.①会… Ⅱ.①孔…②雒… Ⅲ.①会计学-高等学校-教材 Ⅳ.①F230

中国版本图书馆CIP数据核字（2016）第023732号

责任编辑：杜　鹏
责任校对：隗立娜
责任印制：邱　天

会计学基础实验

孔龙　雒京华/编著

经济科学出版社出版、发行　新华书店经销

社址：北京市海淀区阜成路甲28号　邮编：100142

总编部电话：010-88191217　发行部电话：010-88191522

网址：www.esp.com.cn

电子邮件：esp@esp.com.cn

天猫网店：经济科学出版社旗舰店

网址：http://jjkxcbs.tmall.com

北京万友印刷有限公司印装

710×1000　16开　18.5印张　350000字

2016年2月第1版　2016年2月第1次印刷

印数：0001—4000册

ISBN 978-7-5141-6598-2　定价：32.00元

前　言

随着会计专业教学改革的不断深入，会计实验课程已受到越来越多的重视。初学会计者，由于缺乏感性认识，在接受会计基础知识时会产生许多困惑。为了帮助会计初学者入门，并帮助其对会计专业学习产生兴趣，提高学习效率，我们根据多年从事会计教学和指导学生实习的经验与体会编写了这本教材，本教材是与基础会计课程相配套和衔接的一本会计实务操作教材，主要是配合基础会计课程的教学，弥补有关教材的局限与缺憾，为初学会计者提供一条理论联系实际的途径。

本教材与其他模拟实验教材相比有以下特点：

第一，突出会计基本知识的掌握。本教材将会计实验所运用的基本知识以问题的形式提炼出来，以通俗的语言予以解答，使学生能将基本知识的掌握和其后的基本技能训练有机结合起来，从而达到灵活运用知识、学以致用的目的。

第二，强调会计教学过程的入门实验或前期实务训练。本教材根据初学者所掌握的经济业务进行实训，只要掌握复式记账的基本原理即可动手操作。入门阶段的会计实验课程，是学年实习、毕业实习无法替代的，它不仅有利于会计学基础的教学，也有利于中级财务会计等课程的教学。

第三，注重培养学生较为规范的会计动手能力，强化会计基本功的训练。本教材以财政部颁布的《会计基础工作规范》为依据，系统地介绍了填制和审核原始凭证、编制记账凭证、登记账簿等会计基础工作的方法和规范，强调对学生动手能力的培养。

本教材适用于大专院校财经类专业基础会计课程教学的配套实习，也适用于会计人员的上岗培训。本教材如能与基础会计中有关会计凭证编制、账簿登记教学内容同步进行，则能使课堂教学达到事半功倍的效果。

本教材由兰州财经大学孔龙教授、雒京华教授共同编写，其中，第一部分由孔龙执笔，第二、第三部分由雒京华执笔。在编写过程中，廖富阔、刘静两位硕士研究生也参与了部分书稿的资料收集工作，在此谨表谢忱。

由于我们的理论和业务水平有限，书中不足之处在所难免，敬请读者批评指正。

编　者

2016 年 1 月

目　录

第一部分　会计实验基本知识

一、学习和掌握会计学基础实验课程的目的是什么?

会计学基础实验课程是与会计学基础课程相配套和衔接的一门会计实务操作课程。在学习会计学基础后，开设会计学基础实验课程，进行会计实务操作技能训练，尤为重要。一方面，通过动手操作，可以验证所学的理论与方法是否掌握；另一方面，通过动手操作，可进一步巩固和学习会计核算的基本理论与方法，在实践中进行总结、研究与提高。长期以来，我们传统教育思想是重理论轻实践、重知识传授轻能力培养，加上知识的灌输比能力的培养容易进行，所以学校的会计教学很容易走上重知识、轻能力的道路，培养出眼高手低、高分低能的“书呆子”。因此，学习完会计基础理论后必须进行会计实务操作技能训练，否则，等于“纸上谈兵”，直接影响后续课程的学习质量和学生的能力素质。

会计模拟实验的目的是培养跨世纪人才，深化教育改革，增强学生的实际操作能力，把所学的理论知识和时间相结合，培养独立工作的能力。因此，要求学生对实际会计核算有一个整体的认识，在实际操作中逐渐了解国家现行的财经纪律制度，遵纪守法，做好财会工作，本着节约人、财、物的原则，充分发挥会计的核算和监督职能，提高经济效益。

通过本教材模拟实验的学习和实际操作，学生能够系统地、全面地掌握《企业会计准则》及企业会计核算的基本程序和具体方法，加强对会计基本理论的理解、对会计基本方法的运用以及对会计基本技能的训练，将会计专业理论和实务有机地结合在一起，加深对会计工作的认识。同时，这也是对学生所学专业知识的掌握程度和实际运用能力的一次综合考察，为其将来从事会计工作打下坚实的基础，使其成为合格的应用型人才。

会计模拟实验的目的，具体可分为三个方面。

（一）为了强化对会计专业的认知和理解，需要会计模拟实验

把所学过的会计基本原理和基本技术方法与会计具体核算操作的实验有机地结合起来，理论联系实际，就会加深对会计专业的认识，为进一步提高对会计专业的学习奠定了坚实的理论基础和实践基础。学习者经过这一系列的实际操作，无论是从理论上还是从实践上都将会豁然开朗，受益匪浅。当然，模拟实验并非理论学习的简单重复和直接再现，而是会计理论知识的一次综合性运用。与此同时，会计模拟实验的过程，也是检验学生对理论知识掌握程度的过程，从这里可以反映出理论教学中存在的问题，有利于提高理论教学质量，实现由理论指导模拟实验、再由模拟实验到理论教学的良性循环。

（二）为了掌握会计核算的基本技能，需要会计模拟实验

会计模拟实验是通过进行会计核算的模拟演练使学习者巩固所学的会计核算的基本理论知识，进而掌握会计核算的基本技能。通过模拟实验的进行，学习者可以做到“四会”：一会审核原始凭证，即对反映每笔经济业务的各种原始凭证都能够依据现行会计制度的规定和相关经济法规进行认真的审核，对于不符合规定的原始凭证进行相应的处理；二会编制记账凭证，即能够依据审核无误的原始凭证汇总表进行收、付、转记账凭证的编制并据其编制汇总记账凭证；三会记账，即能够依据审核无误的记账凭证及其所附的原始凭证登记现金日记账、银行存款日记账和各种明细账，并且登记总分类账；四会编制会计报表，即能够依据账簿资料进行资产负债表和利润表的编制。

（三）为了培养现代高级会计人才，需要会计模拟实验

按照现行会计制度和会计工作的要求，学习者亲自动手进行会计模拟实验的学习，既提高了动手能力、强化了理论知识，又培养了良好的工作作风，即勤奋工作、求真务实、正确核算、钻研业务、团结协作。通过模拟实验，可以让学习者明白会计工作岗位的分工、每个岗位之间的联系及其特殊性以及各环节的衔接和规范要求，可以增强学习者人际交往、相互协作的整体意识，培养其爱岗敬业的责任心；通过模拟实验，可以让学习者认识到，随着科学技术的发展，财会工作的复合型越来越强，财会人员必须具有财税、金融、证券、企业、商业等各种会计知识和会计能力，因而为满足这一社会要求必须夯实专业基础，不断学习新知识、掌握新技术，不断增强自身可持续发展的能力，为21世纪的竞争奠定基础。此外，为达到增强素质的要求，加强会计模拟实验是有

效的手段之一。

二、会计实务操作应具备和掌握的基本技能有哪些?

会计实验课程的基本目的就是，通过会计实务操作，使学生熟悉和掌握会计的基本技能。会计的基本技能取决于会计核算方法。

（一）会计核算方法

会计核算方法主要包括以下内容：

1. 设置会计科目；
2. 复式记账；
3. 填制和审核会计凭证；
4. 登记账簿；
5. 成本核算；
6. 财产清查；
7. 编制财务会计报表。

会计核算的这七种方法是相互联系、密切配合的，构成了一个完整的核算方法体系。其中，填制和审核会计凭证、登记账簿、编制财务会计报表是主线，即：发生的各项经济业务，首先，要编制财务会计凭证，并对会计凭证进行审核；其次，根据会计凭证登记账簿；最后，根据会计账簿记录编制财务会计报表。会计核算方法之间的内在联系如图 1－1 所示。

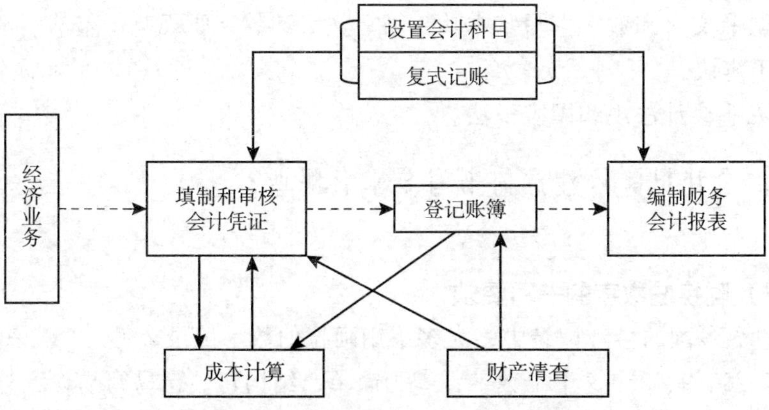

图 1－1　会计核算方法之间的内在联系

（二）会计基本技能

明确了会计核算的基本方法，进行会计核算所应具备的基本技能就已经清晰可见了，这些基本技能包括：

1. 写算基本功。写算能力是对会计人员最基本的业务素质要求。写，包括文字与数字的书写，应清晰、流畅、规范；算，主要是计算汇总能力，应快速准确。

2. 填制和审核会计凭证。填制和审核会计凭证是会计核算工作的起步，是会计工作的基本环节。填制和审核会计凭证，包括填制和审核原始凭证与记账凭证。

3. 登记账簿。根据审核无误的原始凭证及记账凭证，按照国家统一会计制度规定的会计科目，运用复式记账法将经济业务序时地、分类地登记到账簿中。登记账簿是会计核算工作的主要环节。

4. 编制会计报告。会计报告是用于总括地反映企业在一定时期内的经济活动及其结果的一种书面文件。编制会计报告是将日常分散的会计资料按照一定的要求原则定期加以归类、整理汇总而成为有关方面所需要的会计信息的一种专门方法。其中，编制财务会计报表是会计报告的主体内容。

（三）熟悉和掌握会计基本技能的要求

1. 学好《会计学基础》等课程，掌握会计核算的基本理论和基本方法。

2. 熟练掌握和运用珠算技术。

3. 具有文字和数字书写基本功，书写文字和数字要规范、整洁、清晰、流畅、易于辨认。

4. 熟悉会计法规和国家税法。

三、会计记账应注意的书写要求有哪些?

（一）阿拉伯数字的书写要求

在世界各国的会计记录中，大多采用阿拉伯数字记录金额。“1、2、3、4、5、6、7、8、9、0”这十个数字，笔画简单，结构巧妙，易写易认，通过数码的排列变换，就可随意表达出大小不同的数额，数字所在的位置就能表示数位。所以，阿拉伯数字不仅是数学的通用数字，而且也是会计的通用数字。正确、规范和流利地书写阿拉伯数字，应是会计人员的基本功训练之一。

在会计记账过程中，阿拉伯数字的书写是有一定规矩的，它同一般的数字书写有许多不同，其标准写法如下：

1. 每个数字要大小匀称，笔画流畅；每个数码独立有形，使人一目了然，不能连笔书写。

2. 书写排列有序且字体要自右上方向左下方倾斜地写（数字与底线通常成60°的倾斜）。

3. 书写的每个数字要贴紧底线，但上不可顶格。一般每个格内数字占1/2或2/3的位置，要为更正数字留有余地。

4. 会计数码书写时，应从左至右，笔画顺序是自上而下、先左后右，防止写倒笔字。

5. 同行的相邻数字之间要空出半个阿拉伯数字的位置，但也不可预留间隔（以不能增加数字为好）。

6. 除“4”、“5”以外的数字，必须一笔写成，不能人为地增加数字的笔画。

7. “6”要比一般数字向右上方长出1/4，“7”和“9”要向左下方（过底线）长出1/4。

8. 对于易混淆且笔顺相近的数字，在书写时尽可能地按标准字体书写，区分笔顺，避免混同，以防涂改。例如，“1”不可写得过短，要保持倾斜度，将格子占满，这样可防止改写为“4”、“6”、“7”、“9”；书写“6”时要顶满格子，下圆要明显，以防止改写为“8”；“7”、“9”两数字的落笔可延伸到底线下面；“6”、“8”、“9”、“0”的圆必须封口。

阿拉伯数字参考字体如图1－2所示。

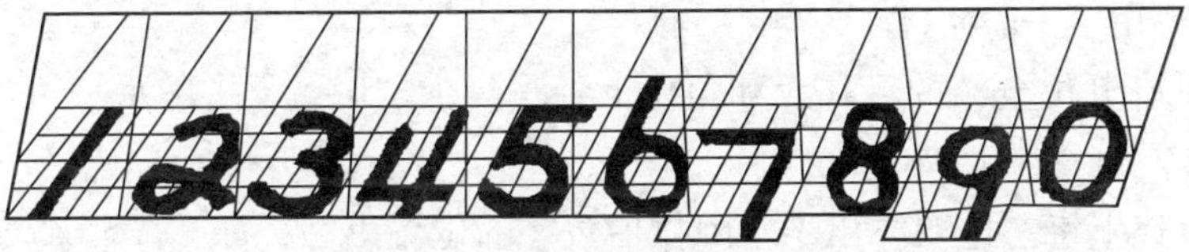

图1－2　阿拉伯数字参考字体

（二）汉字大写数字的书写要求

会计人员每天都离不开书写，不但要写数字，而且要写汉字。在填制会计凭证时，要写明经济业务内容、接受凭证单位名称、金额大写等；登记账簿时，要用汉字写“摘要”栏会计事项。能书写符合会计工作要求的汉字，也是会计人员基本功训练之一。汉字大写数字的标准写法如下：

1. 汉字大写数字要以正楷或行书字体书写，不得连笔写。

2. 不允许使用未经国务院公布的简化字或谐音字。大写数字一律用“壹、贰、叁、肆、伍、陆、柒、捌、玖、拾、佰、仟、万、亿、元、角、分、零、整”等。不得用“毛”代替“角”、用“另”代替“零”。

3. 字体要各自成形，大小均衡，排列整齐，字迹要工整、清晰。

大写数字参考字体如表1-1所示。

表1-1　大写数字参考字体

壹	贰	叁	肆	伍	陆	柒	捌	玖	拾	佰	仟	万	元	角	分
壹	贰	叁	肆	伍	陆	柒	捌	玖	拾	佰	仟	万	元	角	分

（三）大小写金额的标准写法

1. 小写金额的标准写法。

（1）没有数位分割线的凭证账表上的标准写法。

① 阿拉伯金额数字前面应当书写货币币种符号或者货币名称简写，币种符号和阿拉伯数字之间不得留有空白。凡阿拉伯数字前写出币种符号的，数字后面不再写货币单位。

② 以元为单位的阿拉伯数字，除表示单价等情况外，一律写到角分；没有角分的角位和分位可写出“00”或者“—”；有角无分的，分位应当写出“0”，不得用“—”代替。

③ 只有分位金额的，在元和角位上各写一个“0”字并在元与角之间点一个小数点，如“¥0.06”。

④ 元以上每三位要空出半个阿拉伯数字的位置书写，如“¥5 647 108.92”。也可以三位一节用“分位号”分开，如“¥5 647 108.92”。

（2）有数位分割线的凭证账表上的标准写法。

① 对应固定的位数填写，不得错位。

② 只有分位金额的，在元和角位上均不得写“0”字。

③ 只有角位或角分位金额的，在元位上不得写“0”字。

④ 分位是“0”的，在分位上写“0”，角、分位都是“0”的，在角、分位上各写一个“0”字。

2. 大写金额的标准写法。

（1）大写金额要紧靠“人民币”三字书写，不得留有空白，如果大写数字前没有印好“人民币”字样的，应加填“人民币”三字。

（2）大写金额数字到“元”或“角”，在“元”或“角”后写“整”字；大写金额有“分”的，“分”后面不写“整”字。如“￥12 000.00”应写为“人民币壹万贰仟元整”；再如“￥48 651.80”可写为“人民币肆万捌仟陆佰伍拾壹元捌角整”，而“￥486.56”应写为“人民币肆佰捌拾陆元伍角陆分”。

（3）分位是“0”可不写“零分”字样，如“￥4.60”应写为“人民币肆元陆角整”。

（4）阿拉伯金额数字中间有“0”时，汉字大写金额要写“零”字。如“￥1 409.50”应写为“人民币壹仟肆佰零玖元伍角整”。

（5）阿拉伯金额数字元位是“0”的，或者数字中间连续有几个“0”的，元位也是“0”，但角位不是“0”时，汉字大写金额可以只写一个零字，也可以不写“零”字。如“￥1 680.32”，汉字大写金额应写为“人民币壹仟陆佰捌拾元零叁角贰分”，或者写为“人民币壹仟陆佰捌拾元叁角贰分”；又如“￥97 000.53”，汉字大写金额应写为“人民币玖万柒仟元零伍角叁分”，或者写成“人民币玖万柒仟元伍角叁分”。

（6）阿拉伯金额数字角位是“0”而分位不是“0”时，汉字大写金额“元”后面应写“零”字。如“￥6 409.02”，汉字大写金额应写成“人民币陆仟肆佰零玖元零贰分”；又如“￥325.04”，汉字大写金额应写为“人民币叁佰贰拾伍元零肆分”。

（7）阿拉伯金额数字最高是“1”的，汉字大写金额加写“壹”字，如“￥15.80”，汉字大写金额应写成“人民币壹拾伍元捌角整”；再如“￥135 800.00”，汉字大写金额应写成“人民币壹拾叁万伍仟捌佰元整”。

（8）在印有大写金额万、仟、佰、拾、元、角、分位置的凭证上书写大写金额时，金额前面如有空位，可划“×”注销，阿拉伯金额数字中间有几个“0”（含分位），汉字大写金额就是几个“零”字。如“￥100.50”，汉字大写金额应写成“人民币×万×仟壹佰零拾零元伍角零分”。

3. 大小写金额书写示例。具体如表 1－2 所示。

表 1－2　　大小写金额书写对照表

会计凭证账表上的小写金额栏								原始凭证上的大写金额栏
没有数位分割线	有数位分割线							
	万	千	百	十	元	角	分	
￥0.08							8	人民币：捌分
￥ 0.60						6	0	人民币：×万×仟×佰×拾×元陆角零分
￥ 2.00					2	0	0	人民币：贰元整
￥ 17.08				1	7	0	8	人民币：壹拾柒元零捌分
￥ 630.06			6	3	0	0	6	人民币：×万×仟陆佰叁拾零元零角陆分
￥ 4020.70		4	0	2	0	7	0	人民币：肆仟零贰拾元柒角整
￥ 15006.09	1	5	0	0	6	0	9	人民币：壹万伍仟零陆元零玖分
￥ 13000.40	1	3	0	0	0	4	0	人民币：壹万叁仟零佰零拾零元肆角零分

4. 大小写金额书写训练。

（1）训练资料。2015 年 1 月现金和银行存款收付业务的发生额为：①￥0.70；②￥0.90；③￥16.05；④￥84.00；⑤￥150.65；⑥￥6 430.08；⑦￥ 80 004.73；⑧￥131 000.40；⑨￥109 806.50。

（2）训练要求。根据上述资料书写大小写金额（填表 1－3）。

表 1－3　　大小写金额书写训练用纸

会计凭证、账表上的小写金额									原始凭证上的大写金额栏
没有数位分割线	有数位分割线								
	十	万	千	百	十	元	角	分	
									人民币：拾　万　仟　佰　拾　元　角　分
									人民币：
									人民币：
									人民币：

续表

会计凭证、账表上的小写金额									原始凭证上的大写金额栏
没有数位分割线	有数位分割线								
	十	万	千	百	十	元	角	分	
									人民币：
									人民币：
									人民币：
									人民币：
									人民币：
									人民币：
									人民币：拾　万　仟　佰　拾　元　角　分

四、怎样填制和审核原始凭证?

（一）原始凭证的基本要素

原始凭证，也称单据，是在经济业务发生或完成时由业务经办人员直接取得或填制的用以记录或证明某项经济业务事项已经发生或完成的情况、明确有关经济责任的书面证明。它是进行会计核算的原始记录资料和重要依据，是填制记账凭证或登记账簿的原始依据。会计制度要求各单位在经济业务事项发生时不但必须填制或取得原始凭证，还应该及时送交本单位的会计机构进行处理。

在会计实务中，由于各种经济业务的内容和经济管理的要求不同，原始凭证的名称、格式和内容各式各样。但是，原始凭证作为反映经济业务发生或完成情况的原始证明，必须反映经济业务发生或完成情况，并明确有关经办人员的责任。因此，各种原始凭证都必须具备一些基本内容，具有一些基本要素，这些基本要素主要包括七个方面。

1. 原始凭证的名称。标明原始凭证所记录业务内容的种类，反映原始凭证的用途，如发货票、入库单等。

2. 原始凭证的填制日期。填制原始凭证的日期一般是经济业务事项发生或完成的日期；如果在经济业务事项发生或完成时因某种原因未能及时填制的，应当以实际填制日期为准。

3. 填制原始凭证的单位名称或填制人姓名。

4. 有关经办人员的签字或盖章。这是明确经济责任的依据。

5. 接受原始凭证的单位名称或个人姓名。将接受原始凭证的单位与填制原始凭证的单位或填制人联系起来，以便标明经济业务事项的来龙去脉。

6. 所发生的经济业务事项的基本内容。主要是表明经济业务事项的项目、名称及有关的附注说明。

7. 有关经济业务事项的单价、数量和金额。主要表明经济业务事项的计量，这是原始凭证的核心内容。

（二）原始凭证的填制

填制原始凭证要由填制人员将各项原始凭证要素按照规定方法填写齐全，办妥签章手续，明确经济责任。

原始凭证虽然种类不同，但必须反映经济业务、明确经济责任。因此，为了确保会计核算资料的真实、正确，原始凭证的填制必须符合以下要求：

1. 记录要真实。原始凭证所填列的经济业务的内容和数字必须真实可靠，符合实际情况。

2. 内容要完整。原始凭证所要求填列的项目必须逐项填列齐全，不得遗漏和省略。

3. 手续要完备。单位自制的原始凭证必须有经办单位领导人或者其他指定的人员签名盖章；对外开出的原始凭证必须加盖本单位公章；从外部取得的原始凭证必须盖有填制单位的公章；从个人取得的原始凭证必须有填制人员的签名盖章。

4. 书写要清楚、规范。原始凭证要按规定填写，文字要简要，字迹要清楚，易于辨认，不得使用未经国务院公布的简化汉字。大小写金额必须相符且填写规范，小写金额用阿拉伯数字逐个书写，不得写连笔字。在金额前要填写人民币符号“￥”。人民币符号“￥”与阿拉伯数字之间不得留有空白。金额数字一律填写到角、分，无角、分的，写“00”或符号“—”；有角无分的，分位写“0”，不得用符号“—”。大写金额用汉字壹、贰、叁、肆、伍、陆、柒、捌、玖、拾、佰、仟、万、亿、元、角、分、零、整等，一律用正楷或行书字书写。大写金额前未印有“人民币”字样的，应加写“人民币”三个字，

“人民币”字样和大写金额之间不得留有空白。大写金额到元或角为止的，后面要写“整”或“正”字；有分的，不写“整”或“正”字。如小写金额为“￥1 008.00”，大写金额应写成“壹仟零捌元整”。

5. 编号要连续。如果原始凭证已预先印定编号，在写坏作废时应加盖“作废”戳记，妥善保管，不得撕毁。

6. 不得涂改、刮擦、挖补。原始凭证有错误的，应当由出具单位重开或更正，更正处应当加盖出具单位印章。原始凭证金额有错误的，应当由出具单位重开，不得在原始凭证上更正。

7. 填制要及时。各种原始凭证一定要及时填写，并按规定的程序及时送交会计机构、会计人员进行审核。原始凭证的审核人员应检查有关数量、单价、金额是否正确无误，是否与实际业务一致。

8. 及时性的审查。经济业务发生后，业务经办人员应及时将原始凭证传递给会计部门进行处理，没有及时处理的经济业务会影响不同会计期间会计信息的正确性，因此，原始凭证审核人员应对原始凭证上记录的经济业务发生的时间进行审核。

（三）原始凭证的审核

只有经过审核无误的凭证，才能作为记账依据。为了正确反映并监督各项经济业务，会计部门的经办人员必须严格审核各项原始凭证，以确保会计核算资料的真实、合法、准确。原始凭证的审核主要包括以下五个方面。

1. 审核原始凭证的真实性。包括日期是否真实、业务内容是否真实、数据是否真实等。

2. 审核原始凭证的合法性。经济业务是否符合国家有关政策、法规、制度的规定，是否有违法乱纪等行为。

3. 审核原始凭证的合理性。原始凭证所记录经济业务是否符合企业生产经营活动的需要、是否符合有关的计划和预算等。

4. 审核原始凭证的完整性。原始凭证的内容是否齐全，包括有无漏记项目、日期是否完整、有关签章是否齐全等。

5. 审核原始凭证的正确性。包括数字是否清晰、文字是否工整、书写是否规范、凭证联次是否正确以及有无刮擦、涂改和挖补等。

（四）原始凭证填制示例

【例 1-1】 2014 年 1 月 3 日，采购员王敏赴北京采购材料，填写一份借款单并经主管领导批准。如表1－4所示。

表1－4 借 款 单

2014年1月3日

部 门		供应科		借款事由：参加订货会
借款金额（人民币大写）贰仟元整				¥ 2000.00
批准金额（人民币大写）贰仟元整				¥ 2000.00
领导	周伟	财务主管	王明林	借款人：王敏

【例1－2】2014年1月8日，加工车间王冠领用圆钢4 000千克，计划单价10元，领用角钢3 000千克，计划单价5元（工作单号1 220，工作项目：车工），生产锁具。领料单如表1－5所示。

表1－5 甘肃黄河钢管公司领料单

领料部门：

2014年1月8日

材料		单位	数量		计划单价	金额	过账
规格及名称			请领	实发			
圆钢		千克	4000		4000	10.00	40000.00
角钢		千克	3000		3000	5.00	15000.00
工作单号	1220	用途					

仓库负责人：　　记账：　　发料：王红　　领料：王冠

【例1－3】2014年1月9日，销售CG－1产品500件，单价200元；销售HG－2产品500件，单价100元。开出增值税专用发票一份并将有关联交于东方明珠有限公司如表1－6所示，同时收到东方明珠有限公司签发的转账支票一张如表1－7所示，尚未送存银行。

表 1-6 甘肃省增值税专用发票

记账联 开票日期 2014 年 1 月 9 日

购货单位	名　　称：东方明珠有限公司 纳税人识别号：370866234663389 8 地址、电话：兰州市民主路 16 号 6230355 开户行及账号：工商银行民主路支行 8040-4129			密码区	6+-〈2〉6〉927+296+/ ＊加密版本 01 446〈600375〈35〉〈4/ ＊ 37009931410 2-2〈2051+24+2618〈7 07050445 /3-15〉〉09/5/-1〉〉〉+2		
货物或应税劳务名称	规格型号	单位	数量	单价	金额	税率	税额
甲产品	CG-1	件	500	200.00	100000.00	17%	17000.00
甲产品	HG-2	件	500	100.00	50000.00		8500.00
合　计					￥150000.00		25500.00
价税合计（大写）	⊗拾柒万伍仟伍佰元				（小写）￥175500.00		
销货单位	名　　称：甘肃钢管有限公司 纳税人识别号：370863786263589 地址、电话：兰州市民主路 108 号 65560368 开户行及账号：中国建设银行天水路支行 560101180016				备注		

第三联 记账联 销货方记账凭证

收款人　　复核　　开票人　张强　　销货单位：（章）

表 1-7 转账支票

中国工商银行转账支票　　No. 33889890

本支票付款期限十天

出票日期（大写）贰零壹肆年 零壹月 零玖 日　　付款行名称：工商银行民主路支行

收款人：甘肃钢管有限公司　　出票人账号：8040-4129

人民币（大写）	百	十	万	千	百	十	元	角	分
壹拾柒万伍仟伍佰元	￥	1	7	5	5	0	0	0	0

用途　购货款

上列款项请从

我账户内支付

出票人签章　　复核　　记账

【例 1-4】2014 年 1 月 10 日，兰州市凯特钢管有限公司签发现金支票一张，金额 38 566.30 元，从银行提取现金以备发工资。现金支票如表 1-8 所示。

表 1－8

<table>
<tr><td rowspan="7">中国建设银行
现金支票存根
No. 33889990
附加信息
出票日期2014 年1 月10 日
收款人：
金额：¥ 38566. 30
用途：发工资
单位主管　会计</td><td colspan="11">中国建设银行现金支票　　No. 33889990</td></tr>
<tr><td rowspan="6">本支票付款期限十天</td><td colspan="10">出票日期（大写）贰零壹肆年 零壹月零壹拾日 付款行名称：建设银行天水路支行</td></tr>
<tr><td colspan="10">收款人：兰州市凯特钢管有限公司　　出票人账号：560101180016</td></tr>
<tr><td rowspan="2">人民币叁万捌仟伍佰陆拾陆元叁角
（大写）</td><td>百</td><td>十</td><td>万</td><td>千</td><td>百</td><td>十</td><td>元</td><td>角</td><td>分</td></tr>
<tr><td></td><td>¥</td><td>3</td><td>8</td><td>5</td><td>6</td><td>6</td><td>3</td><td>0</td></tr>
<tr><td colspan="10">用途　发工资</td></tr>
<tr><td colspan="10">上列款项请从
我账户内支付
出票人签章　　复核　记账</td></tr>
</table>

【例 1－5】1 月 18 日，办公室职员张明拿来发票一张（如表 1－9 所示），报销购买笔记本、钢笔等办公用品费用。

表 1－9　　甘肃省商品销售统一发票

客户名称及地址：甘肃钢管有限公司　　2014 年 1 月 18 日填制

品名规格	单位	数量	单价	金额						
				万	千	百	十	元	角	分
笔记本	本	20	6.00			1	2	0	0	0
钢　笔	支	12	14.80			1	6	5	6	0
合　计					¥	2	8	5	6	0
合计金额（大写）贰佰捌拾伍元陆角零分										

第二联发票

填票人：刘静　　收款人：王丽鹃　　单位名称（盖章）：

【例 1－6】1 月 18 日，向庆阳市钢铁厂购进铁矿石 100 吨，单价每吨 1 000元，运杂费 10 000 元，材料验收入库。填制材料入库单，如表 1－10 所示。

表 1－10　　　　　　　　**材料入库单**

供应单位：庆阳钢铁厂　　　　　　2014 年 1 月 18 日

发票号：111078　　　　　　　　　　　　　　字第　　号

材料类别	材料名称	规格材质	计量单位	应收数量	实收数量	单价	金额									
							千	百	十	万	千	百	十	元	角	分
原材料	铁矿石		吨	100	100	1 000			1	0	0	0	0	0	0	0
				运杂费						1	0	0	0	0	0	0
				合计				¥	1	1	0	0	0	0	0	0
备注																

第二联记账联

仓库：3 号　　　会计：王娟　　　收料员：谢丹　　　制单：刘娜

五、怎样填制和审核记账凭证？

（一）记账凭证的基本要素

记账凭证主要是用来将经济信息转换成会计信息、对经济业务进行分类核算、确定会计分录的凭证。记账凭证是账簿记录的直接依据，其必须具备以下基本要素：

1. 填制凭证日期；
2. 凭证编号；
3. 经济业务内容摘要；
4. 会计科目、记账方向；
5. 记账金额；
6. 所附原始凭证张数；
7. 填制凭证人员、记账人员、会计主管人员的签名或盖章，收、付款的记账凭证要有出纳人员的签名或盖章。

（二）记账凭证的填制要求

会计机构、会计人员应该根据审核无误的原始凭证填制记账凭证。填制记账凭证的基本要求有：

1. 记账凭证的内容必须填列完整。以自制原始凭证或者原始凭证汇总表代替记账凭证的，也必须具备记账凭证应有的项目。

2. 填制记账凭证时，应当对记账凭证进行连续编号。一笔经济业务需要填制两张以上记账凭证的，可以采用分数编号法编号。例如，一笔经济业务需要两张记账凭证填制，其编号为序号2，则分别编制$2\frac{1}{2}$和$2\frac{2}{2}$，整数“2”表示总顺序号，后面的分数，其分母表示该项业务所需记账凭证张数，而分子则表示该项业务编制的顺序号。采用通用记账凭证的，可按顺序编号法编号。采用专用记账凭证的，应用字号编号法分别连续编号，把收款凭证、付款凭证、转账凭证分别简写为“收字××号”、“付字××号”、“转字××号”。

3. 记账凭证可以根据每一张原始凭证填制，或者根据若干张同类原始凭证汇总填制，也可以根据原始凭证汇总表填制。但不得将不同内容和类别的原始凭证汇总填制在一张记账凭证上。

4. 记账凭证所附原始凭证的张数必须注明。

5. 除结账和更正错误的记账凭证可以不附原始凭证外，其他记账凭证必须附有原始凭证。如果一张原始凭证涉及几张记账凭证，可以把原始凭证附在一张主要的记账凭证后面，并在其他记账凭证上注明附有该原始凭证的记账凭证的编号或者附原始凭证复印件。

6. 凡涉及现金和银行存款之间的业务，称为货币资金相互转化的经济业务，如从银行提取现金，将现金存入银行以及从一个银行转入另一个银行等，既涉及收款也涉及付款，为避免重复记账，习惯做法是一律根据贷方科目只填制付款凭证，不编收款凭证。如从银行提取现金业务，编制银行付款凭证。

7. 如果在填制记账凭证时发生错误，应当重新填制。已经登记入账的记账凭证，在当年内发现填写错误时，可以用红字填写一张与原内容相同的记账凭证，在摘要栏注明“冲销某月某日某号凭证”字样，同时再用蓝字重新填制一张正确的记账凭证，注明“更正某月某日某号凭证”字样。如果会计科目没有错误，只是金额错误，也可以将正确数字与错误数字之间的差额，另编一张调整的记账凭证，调增金额用蓝字，调减金额用红字。发现以前年度记账凭证有错误的，应当用蓝字填制一张更正的记账凭证。

8. 记账凭证填制完经济业务事项后，如有空行，应当自金额栏最后一笔金额数字下的空行处至合计数上的空行处划线注销。

9. 实行会计电算化的单位，对于机制记账凭证，要认真审核，做到会计科目使用正确、数字准确无误。打印出的机制记账凭证要加盖制单人员、审核人员、记账人员及会计机构负责人、会计主管人员印章或者签字。

10. 各单位会计凭证的传递程序应当科学、合理，具体办法由各单位根据会计业务需要自行规定。

（三）记账凭证的审核

审核记账凭证应该注意以下三个方面。

1. 审核记账凭证与原始凭证的一致性。包括记账凭证是否附有原始凭证，所附原始凭证张数与记账凭证所列附张数是否相符；记账凭证的内容与原始凭证的经济业务内容是否相符，两者金额合计是否相等。

2. 审核记账凭证的有关项目是否填列完整，有关人员签章是否齐全。

3. 审核记账凭证中所填应借和应贷的会计科目、明细分类科目及金额是否正确，对应关系是否准确。

对于错误的记账凭证，如果在登记入账前发现，应重新填制正确的记账凭证；如果在记账之后发现，则应按相应的错账更正方法进行更正。上述三种记账凭证的格式如表 1－11、表 1－12、表 1－13 所示。

表 1－11　　　　付　款　凭　证

贷方科目________　　　　年　月　日　　　　字第　号

摘　要	借方总账科目	明细科目	√	借方金额									
				千	百	十	万	千	百	十	元	角	分
合计：仟　佰　拾　万　仟　佰　拾　元　角　分													

附单据　张

财务主管　　　记账　　　出纳　　　审核　　　制单

表 1－12

收款凭证

借方科目＿＿＿＿＿＿＿＿　　年　月　日　　字第　号

摘　要	贷方总账科目	明细科目	√	贷方金额									
				千	百	十	万	千	百	十	元	角	分
合计：仟　佰　拾　万　仟　佰　拾　元　角　分													

附单据　张

财务主管　　记账　　出纳　　审核　　制单

表 1－13

转账凭证

年　月　日　　转字第　号

摘　要	总账科目	明细科目	√	借方金额									√	贷方金额								
				百	十	万	千	百	十	元	角	分		百	十	万	千	百	十	元	角	分

附单据　张

财务主管　　记账　　出纳　　审核　　制单

（四）收款凭证的填制

收款凭证是根据现金、银行存款增加的经济业务填制的。填制收款凭证的要求是：

1. 由出纳人员根据审核无误的原始凭证填制，必须是先收款后填凭证。

2. 在凭证左上方的“借方科目”处填写“现金”或“银行存款”。

3. 填写日期（实际收款的日期）和凭证编号。

4. 在凭证内填写经济业务的摘要。

5. 在凭证内“贷方科目”栏填写与“现金”或“银行存款”对应的贷方科目。

6. 在“金额”栏填写金额。

7. 在凭证的右侧填写所附原始凭证的张数。

8. 在凭证的下方由相关责任人签字、盖章。

当填写好收款凭证后，要将相应的原始凭证与收款凭证放在一起，一般是将原始凭证放在收款凭证下面，左上角对齐装订。这样就完成了一张收款凭证的填制。其格式如表 1－14 所示。

表 1－14　　　　**收款凭证**

借方科目　银行存款　　　　2014 年 1 月 2 日　　　　银收字　第 2 号

摘要	贷方总账科目	明细科目	√	贷方金额									
				千	百	十	万	千	百	十	元	角	分
向银行借款	短期借款	工商银行				8	0	0	0	0	0	0	0
合计：⊗仟⊗佰捌拾零万零仟零佰零拾零元零角零分					¥	8	0	0	0	0	0	0	0

附单据 1 张

财务主管　王林　　记账　陈启伟　　出纳　郑宏　　审核　王佳　　制单　刘霞

（五）付款凭证的填制

付款凭证是根据现金、银行存款减少的经济业务填制的。填制付款凭证的要求是：

1. 由出纳人员根据审核无误的原始凭证填制，程序是先付款后填凭证。
2. 在凭证左上方的“贷方科目”处填写“现金”或“银行存款”。
3. 填写日期（实际付款的日期）和凭证编号。
4. 在凭证内填写经济业务的摘要。
5. 在凭证内“借方科目”栏填写与“现金”或“银行存款”对应的借方科目。
6. 在“金额”栏填写金额。
7. 在凭证的右侧填写所附原始凭证的张数。
8. 在凭证的下方由相关责任人签字、盖章。

其格式如表 1－15 所示。

（六）转账凭证的填制

转账凭证的填制方法是：

1. 根据已审核的原始凭证内容填写“摘要”。
2. 确定已发生业务的会计科目，一般借方科目在第一行，贷方科目在借方科目下一行。

表 1－15　　**付款凭证**

贷方科目银行存款　　2014 年 1 月 4 日　　银付字　第 3 号

摘要	借方总账科目	明细科目	√	贷方金额									
				千	百	十	万	千	百	十	元	角	分
提取现金	现金							1	0	0	0	0	0
合计：⊗仟⊗佰⊗拾⊗万壹仟零佰零拾零元零角零分							¥	1	0	0	0	0	0

附单据 1 张

财务主管　王林　　记账　陈启伟　　出纳　郑宏　　审核　王佳　　制单　刘霞

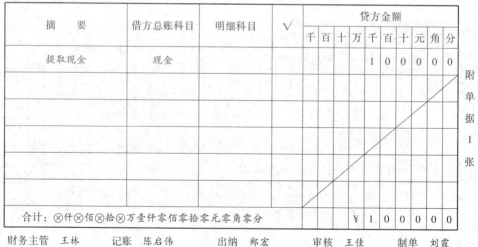

3. 将业务发生的金额第一行记入“借方金额”栏内，即表示第一行的会计科目是借方发生额；而贷方金额栏内的金额数与贷方科目在同一行中，即以借方金额和贷方金额来确定科目的借贷关系。

4. 填写日期、编号和所附原始凭证张数。

5. 最后一行的合计栏内填入借方和贷方的金额合计数，前边加“￥”符号，两个金额数是相等的。

6. 签名或盖章。

7. 当经济业务发生后，其业务内容既涉及货币资金的收、付又涉及转账业务时，一般应填制两张记账凭证。货币资金收、付需填制收款或付款凭证，转账业务则需填制转账凭证。转账凭证的格式如表1－16所示。

表1－16　　转账凭证

2014年1月5日　　转字第003号

摘　要	总账科目	明细科目	√	借方金额									√	贷方金额								
				百	十	万	千	百	十	元	角	分		百	十	万	千	百	十	元	角	分
领用材料	生产成本	基本生产车间						9	3	0	0	0										
	原材料	铝合金																9	3	0	0	0
						￥	9	3	0	0	0					￥	9	3	0	0	0	

附单据1张

财务主管　杜大民　　记账　　出纳　郑宏　　审核　　制单　高峰

六、如何对会计凭证进行装订与保管？

（一）会计凭证的装订

装订就是将一札一札的会计凭证装订成册，从而方便保管和利用。装订之

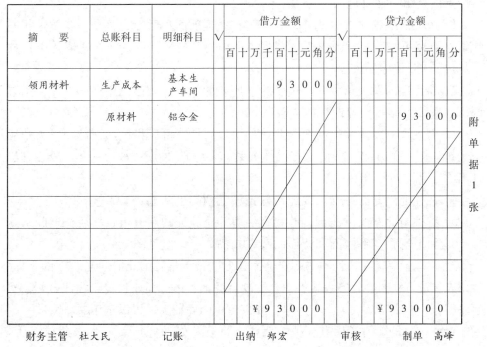

前，要设计一下，看一个月的记账凭证究竟订成几册为好。每册的厚薄应基本保持一致，不能把几张应属于一份记账凭证附件的原始凭证拆开装订在两册之中，要做到既美观大方又便于翻阅。

一本凭证厚度一般以1.5~2.0厘米为宜。过薄，不利于竖立放置；过厚，不便于翻阅核查。凭证装订的各册一般以月份为单位，每月订成一册或若干册。凭证少的单位，可以将若干个月份的凭证合并订成一册，在封皮注明本册所含凭证的月份。

由于原始凭证往往大于记账凭证，从而折叠过多，这样一本凭证就显得中间厚、装订线的位置薄，订出的一本凭证像条纹一样。这时可以用一些纸折成许多三角形，均匀地垫在装订线的位置。这样装订出来的凭证就显得整齐了。

装订前，要以会计凭证的左上侧为准放齐，准备好铁锥、装订机或小手电钻，还有线绳、铁夹、胶水、凭证封皮、包角纸。

下面介绍一种角订法。

1. 将凭证封皮和封底裁开，分别附在凭证前面和后面，再拿一张质地相同的纸（可以再找一张凭证封皮，裁下一半用，另一半为订下一本凭证备用）放在封皮上角，做护角线。

2. 在凭证的左上角画一个边长为5厘米的等腰三角形，用夹子夹住，用装订机在底线上分布均匀地打两个眼儿。

3. 用大针引线绳穿过两个眼儿，如果没有针，可以将回形别针顺直，然后两端折向同一个方向，折向时将线绳夹紧，即可把线引过来，因为一般装订机打出的眼儿是可以穿过的。

4. 在凭证的背面打结。线绳最好把凭证两端也系上。

5. 将护角向左上侧面折，并将一侧剪开至凭证的左上角，然后抹上胶水。

6. 向上折叠，将侧面和背面的线绳扣黏死。以上见图1-3。

7. 待晾干后，在凭证本的侧脊上面写上“某年某月第几册共几册”的字样。装订人在装订线封签处签名或者盖章。现金凭证、银行凭证和转账凭证最好依次顺序编号，一个月从头编一次序号。如果单位的凭证少，可以全年顺序编号。

目前，有的账簿商店有一种传票盒，将装订好的凭证装入盒中码放保管，显得整齐。

（二）会计凭证的保管

会计凭证是重要的经济资料，各单位在完成经济业务手续和记账手续之后，必须按照规定的归档制度形成会计档案，并妥善保管，以便查阅。

会计凭证归档保管的方法和要求是：

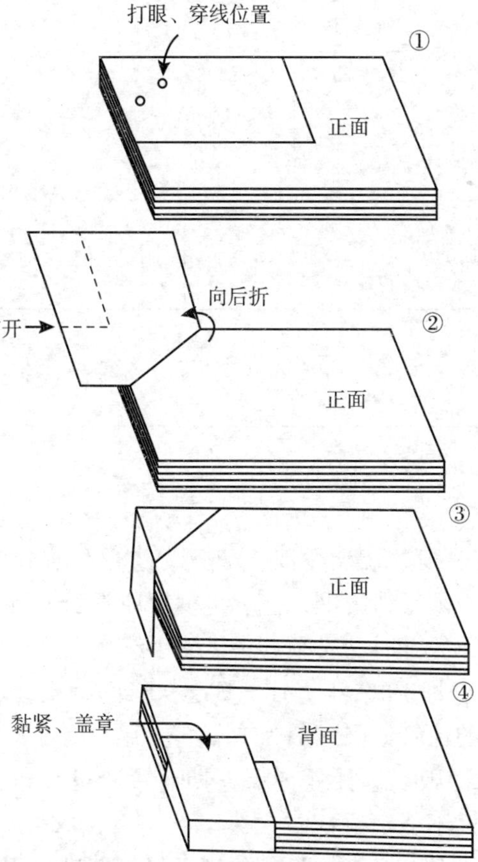

图 1-3　凭证装订方法

1. 定期整理。记账凭证应当连同所附的原始凭证或者原始凭证汇总表，按照编号顺序，折叠整齐，按期装订成册，并加具封面，注明应填列的内容，由装订人在装订线封签处签名或者盖章。记账凭证封面如图 1-4 所示。

2. 造册归档。每年的会计凭证都应该由财会部门按照归档的要求负责整理装订成册。当年的会计凭证在会计年度中了后原则上应由财会部门编造清册移交本单位的档案部门保管。档案部门必须按期点收，档案部门接收的会计凭证，原则上要保持原卷册的封装，个别需要拆封重新整理的，应由财会部门和经办人员共同拆封整理，以明确责任。会计凭证必须进行科学管理，做到妥善保管、存放有序、查找方便，严格实行安全和保密制度，不得随意堆放，严防毁损、丢失和泄密。

记　账　凭　证　封　面

年　　月　　日至　　月　　日

字第　　　　号至　　　　号	
共计记账凭证　　　　张	附原始凭证　　　　张
第　　　　册共　　　　册	

会计主管　　　　　　　　复核

图 1－4

3. 使用及借阅手续。会计凭证一般只为本单位提供使用及查阅，不得出借，如有特殊需要，须报请批准，但不得拆散原卷册，并应限期归还。需要查阅已入档保管的会计凭证时，必须办理借阅手续。

4. 保管年限。根据 1999 年 1 月 1 日起执行的《会计档案管理办法》规定的精神，会计凭证的保管期限一般为 15 年。

5. 会计凭证的销毁。会计凭证保存期满一般可以销毁，但属于下列情况的，即使保存期满也不能销毁：

（1）尚未结清的债权债务的原始凭证，保管期满也不得销毁，应当单独抽出立卷，保管到未了事项完结时为止。

（2）正在项目建设期间的建设单位，其保管期满的会计凭证也不得销毁。

按规定可以销毁的会计凭证，销毁时应办理以下手续：

（1）由本单位档案机构会同会计机构提出销毁意见，编制销毁清册，列明所销毁的会计凭的名称、卷号、册数、起止年度、档案编号、应保管期限、已保管期限和销毁的时间等。

（2）由单位负责人在销毁清册上签署意见。

（3）销毁时，应由档案机构和会计机构共同派员监督。

（4）监销人员在会计凭证销毁前应当按照销毁清册所列的内容清点核对所要销毁的会计凭证；销毁后，应当在销毁清册上签名盖章，并将监销情况报告本单位负责人。

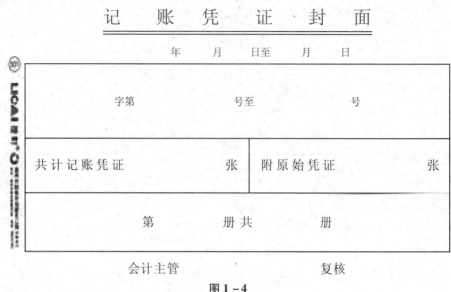

七、什么是账簿？账簿如何分类与保管？

会计账簿是指根据会计凭证序时、分类、连续、系统地记录经济业务的簿籍。它是由若干具由专门格式又相互连接的账页组成，即将所有账页用账夹装订起来。标明会计科目的账页，就是用来记录和反映该科目规定内容的账户。

（一）账簿的分类

在日常会计核算中，企业采用的账簿是多种多样的。为了便于运用各种账簿，就有必要熟悉账簿的分类。账簿按不同的分类标准可划分为不同类别。

1. 按外表形式分类，如图 1－5 所示。

账簿按外表形式分类：
- 订本式，如图 1－6 所示。
- 活页式，如图 1－7 所示
- 卡片式，如表 1－17 所示。

图 1－5

注：订本式账簿不易散失，排列次序严格，每页连续编号，不易被篡改，安全性较好。一般来说，总账和日记账使用订本式。

图 1－6　订本式账簿

注：(1) 活页式账簿可以灵活地抽出和插入账页且很方便，一般来说，明细账较适宜使用这种形式。但这种形式会引起丢失和替换，只有采用严格的内部控制制度，使用才会安全。(2) 活页账的固定方式有穿绳式，还可以有装订等其他方式。

图1-7　活页式账簿

表1-17　　　　固定资产登记卡

(正面)

总账科目：________本卡编号：________

明细科目：________财产编号：________

中文名称		抵押权设定、解除及保险记录	抵押银行				
英文名称			设定日期				
规格型号			解除日期				
厂牌号码			险别				
购置日期			承保公司				
购置金额			保单号码				
耐用年限			费率				
附属设备			保险费				
			备注				

日期	凭单号码	摘　要	单位	数量	资产价值			每月折旧额
					借方	贷方	余额	

（反面）

移动情况						折旧提列情况						备　注
年	月	日	使用部门	用途	保管员	年	月	日	本期提列数	截至本期累计数	资产净值	填表注意事项： 1. 本卡适用于机械设备、运输设备、机电设备，新卡的填写由会计部门填制 2. 本卡的编号由保管卡片单位自编 3. 附属设备栏应填名称、规格及数量 4. 折旧提列情况栏的填写。(1) 日期写开始填列的日期，以后各年度如无变化则填该年的1月1日，年度增减时另行填写变动计提折旧的开始日期。(2) 本期计提折旧以会计年度为准，如期中有所变动时可分填几行。(3) 资产净值为资产价值余额减截至本期累计后的余额

注：卡片式账簿一般装入卡片箱中或文件柜中专用抽屉。卡片可以随时放入或取出。卡片账多用于固定资产或低值易耗品等明细分类账。

2. 按用途分类，如图1－8所示。

- 账簿按用途分类
  - 序时账簿
    - 现金日记账
    - 银行存款日记账
  - 分类账簿
    - 总分类账
    - 明细分类账
  - 备查账簿——根据需要自己设计

图1－8

以上账簿格式在后文中介绍。

（二）账簿的基本内容

企业、事业和行政单位的账簿，由于各单位所记录的经济业务内容不尽相同，其账簿格式各异。但无论其格式繁与简，它们一般要具有以下基本内容：

1. 封面，标明账簿名称。

2. 扉页，即账簿使用登记表。

3. 账页，标明账户名称，设有登账日期栏、凭证种类和号数栏、摘要栏、金额栏及页数。

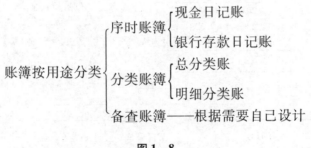

（三）登记账簿的规则

1. 启用账簿规则。为了保证账簿记录的合法性和会计资料的完整性，明确记账责任，在启用会计账簿时，应在账簿封面上写明单位名称和账簿名称。在账簿扉页上附账簿使用登记表，包括：启用日期、账簿页数、记账人员和会计机构负责人、会计主管人员姓名，并加盖名章和单位公章。记账人员或者会计机构负责人、会计主管人员调动工作时，应当注明交接日期、接办人员或监交人员姓名，并由交接双方人员签名或盖章，以明确双方经济责任。

启用订本式账簿，从第一页到最后一页应顺序编写页数，不得跳页、缺号。使用活页式账页，应按账户顺序编号，并须定期装订成册。装订后再按实际使用的账页顺序编定页码。另加目录，记明每个账户的名称和页次。

现金日记账使用登记表如表 1－18 所示。

表 1－18　　现金日记账使用登记表

设计单位：北京市财政局

<table>
<tr><td colspan="2">使用者姓名</td><td colspan="3">北京盖业成信息咨询有限公司</td><td colspan="3">印　　鉴</td></tr>
<tr><td colspan="2">账簿编号</td><td colspan="3">01</td><td colspan="3" rowspan="8"></td></tr>
<tr><td colspan="2">账簿页数</td><td colspan="3">本账簿共计使用 100 页</td></tr>
<tr><td colspan="2">启用日期</td><td colspan="3">2014 年 01 月 01 日</td></tr>
<tr><td colspan="2">截止日期</td><td colspan="3">2014 年 12 月 31 日</td></tr>
<tr><td rowspan="4">责任者盖章</td><td>出纳</td><td>审核</td><td>主管</td><td>部门领导</td></tr>
<tr><td>张敏</td><td></td><td>李冰</td><td></td></tr>
<tr><td></td><td></td><td></td><td></td></tr>
<tr><td></td><td></td><td></td><td></td></tr>
<tr><td colspan="8">交　　接　　记　　录</td></tr>
<tr><td rowspan="2">姓　名</td><td colspan="3" rowspan="2">交接日期</td><td colspan="2" rowspan="2">交接盖章</td><td colspan="2">盘交人员</td></tr>
<tr><td>职务</td><td>姓名</td></tr>
<tr><td rowspan="2"></td><td colspan="3">经营　　年　　月　　日</td><td colspan="2"></td><td></td><td></td></tr>
<tr><td colspan="3">交出　　年　　月　　日</td><td colspan="2"></td><td></td><td></td></tr>
<tr><td rowspan="2"></td><td colspan="3">经营　　年　　月　　日</td><td colspan="2"></td><td></td><td></td></tr>
<tr><td colspan="3">交出　　年　　月　　日</td><td colspan="2"></td><td></td><td></td></tr>
<tr><td rowspan="2"></td><td colspan="3">经营　　年　　月　　日</td><td colspan="2"></td><td></td><td></td></tr>
<tr><td colspan="3">交出　　年　　月　　日</td><td colspan="2"></td><td></td><td></td></tr>
<tr><td>印花税票</td><td colspan="7"></td></tr>
</table>

2. 账簿的记录规则。

（1）登记会计账簿时，应当将会计凭证日期、编号、业务内容摘要、金额和其他有关资料逐项记入账内，做到数字准确、摘要清楚、登记及时、字迹工整。账簿记录中的日期应该填写记账凭证上的日期。

（2）账簿登记完毕后，要在记账凭证上签名或者盖章，并在记账凭证的"过账"栏内注或画"√"，表示已经记账完毕，避免重记、漏记。

（3）账簿中书写的文字和数字上面要留有适当的空格。不要写满格，一般应占格距的1/2。方便更正，同时也方便查账工作。

（4）为了保持账簿记录的持久性，防止涂改，登记账簿必须使用蓝黑墨水或碳素墨水书写，不得使用圆珠笔（银行的复写账簿除外）或者铅笔书写。

（5）在下列情况下，可以用红色墨水记账：

① 按照红字冲账的记账凭证，冲销错误记录；

② 在不设借、贷等栏的多栏式账页中，登记减少数；

③ 在三栏式账户的余额栏前，如未印明余额方向的，在余额栏内登记负数余额；

④ 根据国家统一会计制度的规定可以用红字登记的其他会计记录。

由于会计中的红字表示负数，因而除上述情况外，不得用红色墨水登记账簿。

（6）在登记各种账簿时，应按页次顺序连续登记，不得隔页、跳行。如无意发生隔页、跳行现象，应在空页、空行处用红色墨水画对角线注销，或者注明"此页空白"或"此行空白"字样，并由记账人员签名或者签章。

（7）凡需要结出余额的账户，结出余额后，应当在"借或贷"栏目内注明"借"或"贷"字样，以示余额的方向；对于没有余额的账户，应在"借或贷"栏内写"平"字，并在"余额"栏用"Ʊ"表示。现金日记账和银行存款日记账必须逐日结出余额。

每一账页登记完毕结转下页时，应当结出本页合计数及余额，写在本页最后一行和下页第一行有关栏内，并在摘要栏内注明"过次页"和"承前页"字样；也可以将本页合计数及金额只写在下页第一行有关栏内，并在摘要栏内注明"承前页"字样，以保持账簿记录的连续性，便于对账和结账。

① 对需要结计本月发生额的账户，结计"过次页"的本页合计数应当为自本月初起至本页末止的发生额合计数；

② 对需要结计本年累计发生额的账户，结计"过次页"的本页合计数应当为自年初起至本页末止的累计数；

③ 对既不需要结计本月发生额也不需要结计本年累计发生额的账户，可以只将每页末的余额结转次页。

（四）账簿的更换与保管

1. 账簿的更换。账簿的更换，是指在年度结账完毕后以新账代替旧账。为了便于账簿的使用和管理，一般情况下，总分类账、现金日记账、银行存款日记账和大部分明细账都应每年更换一次；对于在年度内业务发生量较少、账簿变动不大的部分明细账，如固定资产明细账和固定资产卡片账，可以连续使用，不必每年更换；各种备查账簿也可以连续使用。建立新账时，除了要遵守账簿启用规则以外，还需要注意以下三点。

（1）更换新账时，要注明各账户的年份，然后在第一行日期栏内写明 1 月 1 日；在摘要栏内注明“上年结转”或“上年余额”字样；根据上年账簿的账户余额直接写在“余额”栏内。在此基础之上再登记新年度所发生的相关会计事项。

（2）总账应根据各账户经济业务的多少，合理估计各账户在新账中所需要的账页，并填写账户目录，然后据以设立账户。

（3）对于有些有余额的明细账，如应收账款、应付账款、其他应收款、其他应付款等明细账，必须将各明细账户的余额按照上述方法详细填写在新建明细账相同的明细账户下，以备清查和查阅；对于采用借贷方多栏式的应交增值税明细账，应按照有关明细项目的余额采用正确的结转方法予以结转。

2. 账簿的保管。会计账簿同会计凭证和财务报表一样，都属于会计档案，是重要的经济档案，各单位必须按规定妥善保管，确保其安全与完整，并充分加以利用。

（1）会计账簿的日常管理。会计账簿的日常管理包括：①各种账簿要分工明确，并指定专人管理，一般是谁负责登记，谁负责管理；②未经本单位领导或会计部门负责人允许，非经管人员不得翻阅查看会计账簿；③会计账簿除需要与外单位核对账目外，一律不准携带外出，对需要携带外出的账簿，必须经本单位领导和会计部门负责人批准，并指定专人负责，不准交给其他人员管理，以保证账簿安全和防止任意涂改账簿等现象发生。

（2）会计账簿的归档保管。年度结账后，对需要更换新账的账簿，应将旧账按规定程序整理并装订成册，归档保管。旧账装订时应注意以下事项：①活页账装订时，一般按账户分类装订成册，一个账户装订一册或数册；某些账户账页较少，也可以几个账户合并装订成一册，但应分别按资产、负债及所有者权益类账户分别装订。②装订时应检查账簿扉页的内容是否填列齐全，要将账簿经管人员一览表及账户目录附在账页前面，并加封面封底。③装订时，应将账页整齐牢固地装订在一起，并将装订线用纸封口，由经办人员及装订人员、会计主管人员在封口处签章。

旧账装订完毕后，交由会计档案保管人员造册归档。造册归档时，首先，应在各种账簿的封面上注明单位名称、账簿种类、会计年度、账簿册数、第几册及本账簿总页数，并由会计主管人员和经办人员签章。其次，将全部账簿按册数顺序或保管期限统一编写“会计账簿归档登记表”（如表1－19所示）。

表1－19　　会计账簿归档登记表

单位名称：　　　　年度

账簿名称	册　数	页　数	经管人	保管年限	附　注

档案管理　　　　填表

八、如何登记和核对日记账？

企业和事业单位都应设置现金日记账、银行存款日记账，用于序时核算现金和银行存款的收入、付出、结存情况，借以加强对货币资金的管理。

现金日记账和银行存款日记账一般是三栏式订本账簿，其账页格式基本相同。银行存款日记账的格式与现金日记账的格式相比，增加了“户名”、“账号”和“支票号码”栏。

日记账的登记依据是收款凭证和付款凭证，一般应由出纳人员逐日逐笔序时登记。日记账不仅是货币资金的明细记录，也是实行内部控制制度的一种手段。

（一）银行存款日记账的登记与核对

1. 银行存款日记账的登记方法。具体如下。

（1）日期栏。系指记账凭证的日期。

（2）凭证栏。系指登记入账的收付款凭证的种类和编号（与现金日记账的登记方法一致）。

（3）对方科目。系指银行存款收入的来源科目或支出的用途科目。如开出支票一张支付购料款，其支出的用途科目（即对方科目）为“材料采购”科目，其作用在于了解经济业务的来龙去脉。

（4）摘要栏。摘要说明登记入账的经济业务的内容。文字要简练，但能概括说明问题。

（5）现金支票号数和转账支票号数栏。如果所记录的经济业务是以支票付款结算的，应在这两栏内填写支票号数，以便于与开户银行对账。

（6）收入、支出栏。系指银行存款实际收付的金额。每日终了，应分别计算银行存款收入和支出的合计数，结算出余额，做到日清；月终应计算出银行存款全月收入、支出的合计数，做到月结。

（7）日记账必须逐笔登记，不能合并。

（8）日记账每日要结出当日的发生额和余额，并划红线结账。

2. 银行存款日记账核对。这是通过与银行送来的对账单进行核对完成的，银行存款日记账的核对主要包括两点内容：一是银行存款日记账与银行存款收、付款凭证互相核对，做到账证相符；二是银行存款日记账与银行存款总账相互核对，做到账账相符。

（1）账证核对。收付凭证是登记银行存款日记账的依据，账目和凭证应该是完全一致的，但是，在记账过程中，由于各种原因，往往会发生重记、漏记、记错方向或记错数字等情况。账证核对主要按照业务发生的顺序一笔一笔进行，检查项目主要是：

核对凭证的编号；检查记账凭证与原始凭证，看两者是否完全相符；查对账证金额与方向的一致性。

检查中发现差错，要立即按照规定方法更正，以确保账证完全一致。

（2）账账核对。银行存款日记账是根据收付凭证逐项登记的，银行存款总账是根据收付凭证汇总登记的，记账依据是相同的，记录结果应一致，但由于两种账簿是不同人员分别记账的，而且总账一般是汇总登记的，在汇总和登记过程中都有可能发生差错。日记账是一笔一笔地记，记录次数多，难免会发生差错。平时是经常核对两账的余额，每月终了结账后，总账各科目的借方发生额、贷方发生额以及月末余额都已试算平衡，一定还要将其分别同银行存款日记账中的本月收入合计数、支出合计数和余额相互核对。如果不符，应先查出差错在哪一方。如果借方发生额出现差错，应查找银行存款收款凭证和银行存款收入一方的账目；反之，则查找银行存款付款凭证和银行存款付出一方的账目。找出差错，应立即加以更正，做到账账相符。

（3）账实核对。企事业单位在银行中的存款实有数是通过“银行对账单”来反映的，所以照实核对是银行存款日记账定期与“银行对账单”核对，至少每月一次，这是出纳人员的一项重要日常工作。

从理论上讲，银行存款日记账的记录对银行开出的银行存款对账单，无论是发生额还是期末余额都应是完全一致的，因为它是同一账号存款的记录，但是，通过核对，会发现双方账目经常出现不一致的情况，原因有两个：一是双方账目可能发生记录或计算上的错误，如单位记账是漏记、重记，银行对账单串户等，这种错误应由双方及时查明原因，予以更正。二是有“未达账项”。“未达账项”是指由于期末银行估算凭证传递时间的差异，而造成的银行与开户单位之间一方入账而另一方尚未入账的账项。无论是记录有误，还是有“未达账项”，都要通过单位银行存款日记账的记录与银行开出的“银行存款对账单”进行逐笔“核对”才能发现。

具体做法是，出纳人员根据银行提供的对账单同自己的“银行存款日记账”进行核对，核对时，需要对凭证的种类、编号、摘要、记账方向、金额、记账日期等内容进行逐项核对，凡是对账单与“银行存款日记账”记录内容相同的可用“√”在对账单和日记账上分别标示，以查明该笔业务核对一致；若有“未达账项”，应编制“银行存款余额调节表”进行调节，使双方余额相等。银行存款日记账的格式如表 1 – 20 所示。

表 1 – 20

银行存款日记账

账号 01 – 234 – 5　　　户名 万达实业有限公司

××年		凭证		摘　要	对应科目	借方									√	贷方									√	余额								
月	日	字	号			百	十	万	千	百	十	元	角	分		百	十	万	千	百	十	元	角	分		百	十	万	千	百	十	元	角	分
1	1			上年结转																							1	2	5	0	0	0	0	0
	1	银收	1	企业投资	实收资本			5	0	0	0	0	0	0													1	7	5	0	0	0	0	0
	5	银付	1	提取现金	库存现金													5	0	0	0	0	0	0			1	2	5	0	0	0	0	0
	8	银付	2	支付购料款	原材料等													2	3	2	9	8	0	0			1	0	1	7	0	2	0	0
	9	银付	3	归还借款	短期借款													3	0	0	0	0	0	0				7	1	7	0	2	0	0

续表

××年		凭证		摘要	对应科目	借方									√	贷方									√	余额								
月	日	字	号			百	十	万	千	百	十	元	角	分		百	十	万	千	百	十	元	角	分		百	十	万	千	百	十	元	角	分
	10	银付	4	支付上月税费款	应交税费等														3	0	0	0	0	0				6	8	7	0	2	0	0
	12	银付	4	偿还购料款	应付账款													1	1	7	0	0	0	0				5	7	0	0	2	0	0
	13	银收	2	销售收入	主营业务收入等			4	6	8	0	0	0	0													1	0	3	8	0	2	0	0
	15	银付	6	支付广告费	销售费用															1	8	0	0	0			1	0	3	6	2	2	0	0
	25	银付	7	支付水电费	制造费用等													3	0	0	0	0	0	0				7	3	6	2	2	0	0
	27	银收	3	销售收入	主营业务收入等		1	4	0	4	0	0	0	0													2	1	4	0	2	2	0	0
				本月合计			2	3	7	2	0	0	0	0			1	4	8	1	7	8	0	0			2	1	4	0	2	2	0	0

（二）现金日记账的登记与核对

1. 现金日记账的登记。现金日记账（如表 1－21 所示）是各单位重要的经济档案之一，为保证账簿使用的合法性，明确经济责任，防止舞弊行为，保证账簿资料的完整和便于查找，各单位在启用时，要按规定内容逐项填写“账簿启用表”和“账簿目录表”。在“账簿启用表”中，应写明单位名称、账簿名称、账簿编号和启用日期；在经管人员一栏中写明经管人员姓名、职别、接管或移交日期，由会计主管人员签名盖章，并加盖单位公章。在一本日记账中设置有两个以上现金账户的，应在第二页“账户目录表”中注明各账户的名称和页码，以方便登记和查核。

表 1－21　　　　现金日记账

第 1 页

××年		凭证		摘要	对方科目	收入										支出										金额									
月	日	字	号			千	百	十	万	千	百	十	元	角	分	千	百	十	万	千	百	十	元	角	分	千	百	十	万	千	百	十	元	角	分
4	1			月初余额																										4	0	0	0	0	0
	2	收	2	零售收现	主营业务收入						8	0	0	0	0																				

续表

××年		凭证		摘要	对方科目	收入										支出										金额									
月	日	字	号			千	百	十	万	千	百	十	元	角	分	千	百	十	万	千	百	十	元	角	分	千	百	十	万	千	百	十	元	角	分
		付	3	预支差旅费	其他应收款																4	0	0	0	0										
		付	4	付困难补助	应付职工薪酬																6	0	0	0	0										
		付	11	购办公品	管理费用															1	3	6	0	0	0										
4	2			本日小计							8	0	0	0	0					2	3	6	0	0	0					2	4	4	0	0	0
				……	……																														
				本月合计					2	2	6	8	0	0	0				1	2	0	8	0	0	0				1	4	6	0	0	0	0

现金日记账通常由出纳人员根据审核后的现金收、付款凭证逐日逐笔顺序登记。登记现金日记账的总的要求是：分工明确，专人负责，凭证齐全，内容完整，登记及时，账款相符，数字真实，表达准确，书写工整，摘要清楚，便于查阅，不重记，不漏记，不错记，按期结账，不拖延积压，按规定方法更正错账等。具体要求如下。

（1）根据复核无误的收、付款记账凭证记账。现金出纳人员在办理收、付款时，应当对收款凭证和付款凭证仔细地进行复核，并以经过复核无误的收、付款记账凭证和其所附原始凭证作为登记现金日记账的依据。如果原始凭证上注明“代记账凭证”字样，经有关人员签章后，也可作为记账的依据。

（2）所记载的内容必须同会计凭证相一致，不得随便增减。每一笔账都要记明记账凭证的日期、编号、摘要、金额和对应科目等。经济业务的摘要不能过于简略，应以能够清楚地表述业务内容为度，便于事后查对。日记账应逐笔分行记录，不得将收款凭证和付款凭证合并登记，也不得将收款付款相抵后以差额登记。登记完毕，应当逐项复核，复核无误后在记账凭证上的“账页”一栏内做出过账符号“√”，表示已经登记入账。

（3）逐笔、序时登记日记账，做到日清月结。为了及时掌握现金收、付和结余情况，现金日记账必须当日账务当日记录，并于当日结出余额；有些现金收、付业务频繁的单位，还应随时结出余额，以掌握收、支计划的执行情况。

（4）必须连续登记，不得跳行、隔页，不得随便更换账页和撕去账页。现金日记账采用订本式账簿，其账页不得以任何理由撕去，作废的账页也应留在账簿中。在一个会计年度内，账簿尚未用完时，不得以任何借口更换账簿或重抄账页。记账时必须按页次、行次、位次顺序登记，不得跳行或隔页登记，如不慎发生跳行、隔页时，应在空页或空行中间划线加以注销，或注明“此行空白”、“此页空白”字样，并由记账人员盖章，以示负责。

（5）文字和数字必须整洁清晰、准确无误。在登记书写时，不要滥造简化字，不得使用同音异义字，不得写怪字体；摘要文字紧靠左线；数字要写在金额栏内，不得越格错位、参差不齐；文字、数字字体大小适中，紧靠下线书写，上面要留有适当空距，一般应占格宽的1/2，以备按规定的方法改错。记录金额时，如为没有角分的整数，应分别在角分栏内写上“0”，不得省略不写，或以“—”号代替。阿拉伯数字一般可自左向右适当倾斜，以使账簿记录整齐、清晰。为防止字迹模糊，墨迹未干时不要翻动账页；夏天记账时，可在手臂下垫一块软质布或纸板等书写，以防汗浸。

（6）使用钢笔，以蓝、黑色墨水书写，不得使用圆珠笔（银行复写账簿除外）或铅笔书写。但按照红字冲账凭证冲销错误记录及会计制度中规定用红字登记的业务可以用红色墨水记账。

（7）每一账页记完后，必须按规定转页。为便于计算了解日记账中连续记录的累计数额，并使前后账页的合计数据相互衔接，在每一账页登记完毕结转下页时，应结出本页发生额合计数及余额，写在本页最后一行和下页第一行的有关栏内，并在摘要栏注明“过次页”和“承前页”字样。也可以在本页最后一行用铅笔字结出发生额合计数和余额，核对无误后，用蓝、黑色墨水在下页第一行写出上页的发生额合计数和余额，在摘要栏内写上“承前页”字样，不再在本页最后一行写“过次页”的发生额和余额。

（8）现金日记账必须逐日结出余额，每月月末必须按规定结账。现金日记账不得出现贷方余额（或红字余额）。

（9）记录发生错误时，必须按规定方法更正。为了提供在法律上有证明效力的核算资料，保证日记账的合法性，账簿记录不得随意涂改，严禁刮、擦、挖、补或使用化学药物清除字迹。发现差错必须根据差错的具体情况采用划线更正、红字更正、补充登记等方法更正。

2. 现金日记账的核对。为了使现金日记账的账面记录完整与准确，使其与有关的账目、款项相符，出纳人员在收、付现金以后，要及时记账，并且要按照一定的程序进行对账。

对账，就是对账簿记录的内容进行核对以使账证、账账和账实相符的过程。现金日记账的账证核对，主要是指现金日记账的记录与有关的收、付款凭证进行核对；现金日记账的账账核对，则是指现金日记账与现金总分类账的期末余额进行核对；现金日记账的账实核对，则是指现金日记账的余额与实际库存数额的核对。

具体操作方法如下。

（1）现金日记账与现金收付款凭证核对。收、付款凭证是登记现金日记账的依据，账目和凭证应该是完全一致的。但是，在记账过程中，由于工作粗心等原因，往往会发生重记、漏记、记错方向或记错数字等情况。账证核对要按照业务发生的先后顺序一笔一笔地进行。检查的项目主要有：核对凭证编号；复查记账凭证与原始凭证，看两者是否完全相符，查对账证金额与方向的一致性。检查如发现差错，要立即按规定方法更正，确保账证完全一致。

（2）现金日记账与现金总分类账的核对。现金日记账是根据收、付款凭证逐笔登记的，现金总分类账是根据收、付款凭证汇总登记的，记账的依据是相同的，记录的结果应该完全一致。但是，由于两种账簿是由不同人员分别记账，而且总账一般是汇总登记，在汇总和登记过程中都有可能发生差错；日记账是一笔一笔地记录，记录的次数很多，难免发生差错。因此，出纳应定期出具“出纳报告单”与总账会计进行核对。平时要经常核对两账的余额，每月终了结账后，总分类账各个科目的借方发生额、贷方发生额和余额都已试算平衡，一定要将总分类账中现金本月借方发生额、贷方发生额以及月末余额分别同现金日记账的本月收入（借方）合计数、本月支出（贷方）合计数和余额相互核对，查看账账之间是否完全相符。如果不符，先应查出差错出在哪一方，如果借方发生额出现差错，应查找现金收款凭证、银行存款付款凭证（提取现金业务）和现金收入一方的账目；反之，则应查找现金付款凭证和现金付出一方的账目。找出错误后应立即按规定的方法加以更正，做到账账相符。

（3）现金日记账与库存现金的核对。出纳人员在每天业务终了以后，应自行清查账款是否相符。先结出当天现金日记账的账面余额，再盘点库存现金的实有数，看两者是否完全相符。在实际工作中，凡是有当天来不及登记的现金收、付款凭证的，均应按“库存现金实有数 + 未记账的付款凭证金额 - 未记账的收款凭证金额 = 现金日记账账存余额”的公式进行核对。反复核对仍不相符的，即说明当日记账或实际现金收、付有误。在这种情况下，出纳人员一方面应向会计负责人报告；另一方面应对当天办理的收、付款业务逐笔回忆，争取尽快找出差错的原因。

九、如何登记分类账?

(一) 总分类账的结构及其登记方法

总分类账，是按一级科目设置，连续地记录和反映各项会计要素增减变动情况的账簿。它能总括地反映企业和事业单位经济活动的情况，是编制会计报表的依据。一切企业、事业单位都要设置总分类账，其格式多为三栏式订本账，如表1－22所示。

总分类账可以根据记账凭证逐日逐笔登记；也可以将一定时期的记账凭证汇总编制成汇总记账凭证或“科目汇总表”（或“记账凭证汇总表”），再据以登记总账；还可以直接根据多栏式现金和银行存款日记账登记总账。采用哪种方法登记总账，取决于企业所采用的会计核算组织形式。但不论采用哪种方法登记总账，每月都应将本月发生的经济业务全部登记入账，并于月份终了结算出每个账户的本期借贷方发生额及其余额，与所属明细账余额的合计数核对相符后，作为编制会计报表的主要依据。

总分类账账页中各栏目的登记方法如下。

1. 日期栏。在逐日逐笔登记总账的方式下，填写业务发生的具体日期，即记账凭证的日期；在汇总登记总账的方式下，填写汇总凭证的日期。

2. 凭证字、号栏。填写登记总账所依据的凭证的字、号。在依据记账凭证登记总账的情况下，填写记账凭证的字、号；在依据科目汇总表的情况下，填写“科汇”字及其编号；在依据汇总记账凭证登记总账的情况下，填写“现（银）汇收”字及其编号、“现（银）汇付”字及其编号和“汇转”字及其编号；在依据多栏式日记账登记总账的情况下，可填写日记账的简称，例如，现金收入日记账可缩写为“现收账”，现金支出日记账可缩写为“现支账”，银行存款多栏式日记账的缩写方法同现金多栏式日记账的缩写方法。

3. 摘要栏。填写所依据凭证的简要内容。对于依据记账凭证登记总账的单位，应与记账凭证中的摘要内容一致；对于依据科目汇总表登记总账的单位，应填写“某月科目汇总表”或“某月某日的科目汇总表”字样；对于依据汇总记账凭证登记总账的单位，应填写每一张汇总记账凭证的汇总依据，即是依据第几号记账凭证至第几号记账凭证而来的；对于依据多栏式日记账登记总账的单位，应填写日记账的详细名称。

表 1－22　　　　　　**总分类账**　　　　　　第 13 页

科　目 ______________

年		凭证		摘要	借方											√	贷方											√	借或贷	余额											√
月	日	字	号		亿	千	百	十	万	千	百	十	元	角	分		亿	千	百	十	万	千	百	十	元	角	分			亿	千	百	十	万	千	百	十	元	角	分	

4. 对方科目栏。填写与总账账户发生对应关系的总账账户的名称。

5. 借、贷方金额栏。填写所依据的凭证上记载的各总账账户的借方或贷方发生额。

6. 借或贷栏。登记余额的方向。如余额在借方，则写“借”字；如余额在贷方，则写“贷”字。如果期末余额为零，则在“借或贷”栏写“平”字，并在“余额”栏的中间画“/”符号。

棋盘式总分类账主要是根据汇总记账凭证填入本期两个对应科目发生额合计数。登记科目时，先填入资产类科目，再填入负债及所有者权益类科目；也可以按发生业务的先后顺序填写科目。月末结账时，资产类科目的余额填写在横栏内，负债及所有者权益类科目的余额填写在竖栏内。

资产类科目余额的计算，从棋盘式总分类账簿上看，是从横栏某资产类科目找到它的期初余额和本期借方发生额，相加之后，减去该科目竖栏的贷方本期发生额，得出的数字则是该科目的期末借方余额。即：

期初借方余额 + 本期借方发生额 - 本期贷方发生额 = 期末借方余额

负债及所有者权益类科目余额的计算，从棋盘式总分类账簿上看，是从竖栏某负债及所有者权益类科目找到它的期初余额和本期贷方发生额，相加之后，减去该科目横栏的借方本期发生额，得出的数字则是该科目的期末贷方余额。即：

期初贷方余额 + 本期贷方发生额 - 本期借方发生额 = 期末贷方余额

（二）明细分类账的设置和登记

根据有关会计制度的规定和企业管理的需要，各单位都应设置各项财产物资明细账、应收应付款明细账、成本费用明细账、资本明细账和利润分配明细账等。根据经济管理的需要和各明细分类账记录内容的不同，明细分类账可以采用三栏式（如表 1 - 23 所示）、多栏式（如表 1 - 24 所示）和数量金额式（如表 1 - 25 所示）三种格式。

1. 三栏式明细分类账（甲式账）的设置和登记。三栏式明细分类账在账页中只设有借方、贷方和余额三个金额栏。它适用于只需要提供价值信息的账户。如应收账款明细账、应付账款明细账等结算类明细账和资本类明细账都可采用三栏式。为区别总分类账中的三栏式，在实际工作中，将明细账中的三栏式称为“甲式账”。

表 1-23

明细分类账

总页号 | 分页号

一级科目：________

子目或户名：________

年		凭证		摘要	借方	√	贷方	√	借或贷	余额	√
月	日	字	号		亿千百十万千百十元角分		亿千百十万千百十元角分			亿千百十万千百十元角分	

表 1－24

生产成本明细账

账号	总页码
页次	

明细科目：____________

年		凭证编号	摘要	借方						
				合计	直接材料	直接人工	制造费用			
月	日			亿千百十万千百十元角分	亿千百十万千百十元角分	亿千百十万千百十元角分	亿千百十万千百十元角分	亿千百十万千百十元角分	亿千百十万千百十元角分	亿千百十万千百十元角分
…	…		……							

表 1－25

原材料明细账

总页号 | 分页号

编　　号________

最高存量____________

最低存量____________　存储地点__________　规　　格____________　类　　别__________　计量单位______________　品　　名__________

年		凭证		摘要	借方												贷方												余额											
月	日	种类	号数		数量	单价	金额										数量	单价	金额										数量	单价	金额									
							千	百	十	万	千	百	十	元	角	分			千	百	十	万	千	百	十	元	角	分			千	百	十	万	千	百	十	元	角	分
…	…	…	…	……																																				

三栏式明细分类账是由会计人员根据审核后的记账凭证按经济业务发生的时间先后顺序逐日逐笔进行登记的。日期栏登记经济业务发生的具体时间，与记账凭证的日期一致；凭证字、号栏登记原始凭证或记账凭证的种类和编号；摘要栏登记业务的简要内容，通常也与记账凭证中的摘要内容是一致的；借方、贷方金额栏分别登记账户的借方、贷方发生额；借或贷栏登记余额的方向；余额栏登记每笔业务发生后该账户的余额。

2. 数量金额式明细账（乙式账）的设置和登记。数量金额式明细账的账页设有入库、出库和结存三大栏次，并在每一大栏下设有数量、单价和金额三个小栏目，这种格式适用于既要进行数量核算又要进行金额核算的各种财产物资类账户。如“材料”、“库存商品”等账户的明细分类核算。由于在明细账中有了“甲式账”，在实际工作中将数量金额式明细分类账称为“乙式账”。

数量金额式明细账可以由会计人员根据原始凭证按照经济业务发生的时间先后顺序逐日逐笔进行登记，也可以由仓库保管员根据原始凭证按照时间先后顺序逐日逐笔进行登记。

数量金额式明细账的具体登记方法如下：

（1）日期栏登记经济业务发生的具体日期，应与原始凭证的日期一致。

（2）凭证字、号栏按证明业务发生或完成的原始凭证进行登记，一般情况下，原材料增减业务的原始凭证叫收料单（简称“收”字）、领料单（简称“领”字）和限额领料单（简称“限领”字）；产成品增减业务的原始凭证叫入库单（简称“入”字）、出库单（简称“出”字）。

（3）摘要栏登记业务的简要内容，文字力求简练，但要能说明问题。

（4）入库、出库栏中的数量栏登记实际入库、出库的财产物资的数量；入库单价栏和金额栏按照所入库材料的单位成本登记；出库栏、结存栏中的单价栏和金额栏以及登记时间和登记金额取决于企业所采用的期末存货计价方法，在采用月末一次加权平均法下出库单价栏和金额栏一个月只在月末登记一次，在存货的其他计价方法下的明细账登记在《财务会计学》中详细说明。

3. 多栏式明细分类账的设置和登记。多栏式明细分类账，是根据经济业务的特点和经营管理的需要，在一张账页上按有关明细科目或明细项目分设若干栏目，以在同一张账页上集中反映各有关明细科目或明细项目的核算资料。按照明细分类账登记的经济业务的特点不同，多栏式明细分类账账页又可分为借方多栏式、贷方多栏式和借贷方多栏式三种格式。

（1）借方多栏式明细分类账的设置。借方多栏式明细分类账在账页中设有借方、贷方和余额三个金额栏，并在借方按照明细科目或明细项目分设若干栏目，或者单独开设借方金额分析栏。这种格式的账页适用于借方需要设置多个明细科目或明细项目的成本或费用类账户，如“材料采购”明细账、“生产成本”明细账、“管理费用”明细账、“制造费用”明细账等。

（2）贷方多栏式明细分类账的设置。贷方多栏式明细分类账是在账页中设有借方、贷方和余额三个金额栏，并在贷方按照明细科目分设若干栏目，或者单独开设贷方金额分析栏。它适用于贷方需要设多个明细科目或明细项目进行登记的账户，如“营业外收入”明细账和“主营业务收入”明细账等。

贷方多栏式明细分类账是根据审核后的记账凭证和原始凭证按照业务发生的时间先后顺序逐日逐笔进行登记的。贷方多栏式明细账适用于一般在平时只有贷方项目的发生额，而借方只在月末发生一次且与贷方项目相同的账户的明细分类核算。因此，贷方多栏式明细账一般为每一明细项目设置一个金额栏，登记该项目一个方向（贷方）的发生额，对于另一个方向（借方）的发生额，则在该栏目内用“红字”记录，以表示对该项目金额的减少数或转出数。

（3）借贷方多栏式明细分类账（特种明细账）。借贷方多栏式明细分类账是在账页中设有借方、贷方和余额三个金额栏，并同时在借方和贷方栏下设置若干个明细科目或明细项目进行登记的账簿。它适用于借、贷方均需要设置多个栏目进行登记的账户，如“本年利润”明细账、“应交税费——应交增值税”明细账、“物资采购”明细账、“材料成本差异”明细账等。

（三）总分类账和明细分类账的关系及其平行登记

1. 总分类账与明细分类账的关系。

（1）总分类账与明细分类账之间的联系。总分类账与明细分类账之间的内在联系体现在以下两个方面：两者所反映的经济业务的内容相同；两者的登账依据相同。

（2）总分类账与明细分类账的区别。总分类账与明细分类账的区别主要表现在以下两个方面：反映经济内容的详尽程度不同；作用不同。

2. 总分类账与明细分类账的平行登记。平行登记，是指经济业务发生后应根据有关会计凭证（包括原始凭证和记账凭证），一方面要登记有关的总分类账户；另一方面要登记该总分类账户所属的各有关明细分类账户。

平行登记法的要点可概括为以下三点：

（1）同时登记。即对发生的每一笔经济业务，要根据审核无误的同一会计凭证，在同一会计期间，既要在有关的总分类账中进行登记，又要在该总账所属的明细分类账中进行明细登记。

（2）方向相同。即对于一笔经济业务，在依据同一会计凭证登记总分类账户的借贷方向与登记所属明细分类账户的借贷方向必须一致。对有些经济业务所涉及的账户，总分类账户在借方（或贷方）登记，而明细分类账户虽用“红字”登记在贷方（或借方），但可以理解为相同的变动方向。

（3）金额相等。即记入总账中的金额必须与记入其所属的各明细分类账户中的金额之和相等。

（四）备查账簿的设置和登记

备查账簿的主要用途是记录序时账簿和分类账簿未能或无法反映的特殊经济事项。它的种类和格式一般没有固定的模式，完全取决于特殊经济业务的种类、内容以及对该业务实施管理的具体要求。为此，备查账簿的格式及内容应讲求实用性、简单化。如工业企业为了对受托加工的材料加强实物管理，用来登记加工材料的增、减、结存情况的“受托加工材料登记簿”，以及为加强对经营租入固定资产的实物管理而设置的“租入固定资产登记簿”等。

十、会计记账常见的账务处理程序有哪些？

账务处理程序也称会计核算组织程序，是指对会计数据进行记录、归类、汇总、陈报的步骤和方法。即从原始凭证的整理、汇总，记账凭证的填制、汇总，日记账、明细账、总分类账的登记，到会计报表编制的步骤和方法。科学地组织账务处理程序，对提高会计核算的质量和会计工作的效率、充分发挥会计的职能具有重要意义。

目前，我国企业、事业、机关等单位会计核算常用的账务处理程序有三种，即：

（1）记账凭证账务处理程序；

（2）汇总记账凭证账务处理程序；

（3）科目汇总表账务处理程序。

（一）记账凭证账务处理程序

记账凭证账务处理程序是指对发生的经济业务事项，都要根据原始凭证或汇总原始凭证编制记账凭证，然后直接根据记账凭证逐笔登记总分类账的一种账务处理程序。记账凭证账务处理程序的特点是直接根据记账凭证逐笔登记总分类账。它是最基本的账务处理程序，其他各种账务处理程序基本上是在这种账务处理程序的基础上发展和演变而形成的。

记账凭证账务处理程序的各项步骤如下：

① 经济业务发生以后，根据有关的原始凭证或原始凭证汇总表填制各种专用记账凭证（收款凭证、付款凭证和转账凭证）；

② 根据收款凭证和付款凭证逐笔登记现金日记账和银行存款日记账；

③ 根据记账凭证并参考原始凭证或原始凭证汇总表，逐笔登记各种明细分类账；

④ 根据各种记账凭证逐笔登记总分类账；

⑤ 月末，将日记账、明细分类账的余额与总分类账中相应账户的余额进行核对；

⑥ 月末，根据总分类账和明细分类账的资料编制会计报表。

这种账务处理程序如图 1－9 所示。

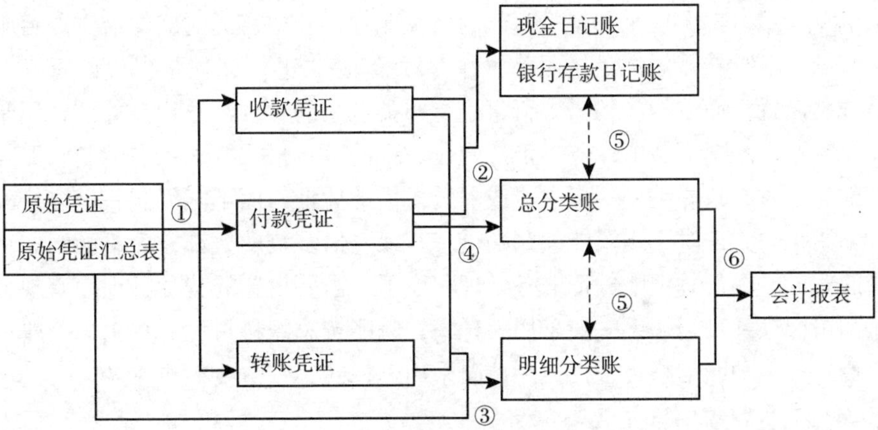

图 1－9　记账凭证账务处理程序

在这种凭证账务处理程序下，记账凭证一般采用收款凭证、付款凭证和转账凭证三种格式；总分类账和日记账的格式均可采用三栏式；总分类账应按总账科目设置，而明细分类账则可根据管理的需要设置。

采用这种账务处理程序，由于总分类账是根据记账凭证逐笔登记的，因此，总分类账能够详细地反映各项经济业务的发生情况，并可以利用账户的对应关系进行分析。但是，也应该看到，总分类账的登记工作是比较繁重的。所以，这种账务处理程序一般适用于规模不大、经济业务较少且比较简单的单位。

（二）汇总记账凭证账务处理程序

汇总记账凭证账务处理程序是根据原始凭证或原始凭证汇总表编制记账凭

证，定期根据记账凭证分类编制汇总收款凭证、汇总付款凭证和汇总转账凭证，再根据汇总记账凭证登记总分类账的一种账务处理程序。

它的特点是，先定期将记账凭证汇总编制成各种汇总记账凭证，然后根据各种汇总记账凭证登记总分类账。汇总记账凭证账务处理程序是在记账凭证账务处理程序的基础上发展起来的，它与记账凭证账务处理程序的主要区别是在记账凭证和总分类账之间增加了汇总记账凭证。

采用汇总记账凭证核算形式，除需设置记账凭证（收款凭证、付款凭证、转账凭证）之外，还应设置汇总记账凭证（包括汇总收款凭证、汇总付款凭证和汇总转账凭证），作为登记总账的直接依据。汇总收款凭证是按“库存现金”和“银行存款”科目的借方分别设置的一种汇总记账凭证，用来汇总一定时期内现金和银行存款的收款业务，它按有关对应的贷方科目归类汇总编制。汇总付款凭证是按“库存现金”和“银行存款”科目的贷方分别设置的一种汇总记账凭证，用来汇总一定时期内现金和银行存款的付款业务，它按有关对应的借方科目归类汇总编制。汇总转账凭证是按照除“库存现金”、“银行存款”以外的每一贷方科目分别设置，而按相应的借方科目进行归类汇总的一种汇总记账凭证，用来汇总一定时期内的全部转账业务。汇总记账凭证的基本格式要求：在编制转账凭证和付款凭证时，只能编制一借一贷或一贷多借的凭证，而不能编制一借多贷的凭证；编制收款凭证时，则只能编制一借一贷或一借多贷的凭证，而不能编制一贷多借的凭证。在汇总记账凭证账务处理程序下，需要设置的特种日记账有现金日记账和银行存款日记账，一般采用三栏式；总账按总账科目设置账页，一般也采用三栏式；各种明细账可根据实际情况采用三栏式、数量金额式或多栏式。

各基本步骤说明如下：

① 经济业务发生以后，根据有关的原始凭证或原始凭证汇总表填制各种专用记账凭证（收款凭证、付款凭证和转账凭证）；

② 根据收款凭证和付款凭证逐笔登记现金日记账和银行存款日记账；

③ 根据记账凭证并参考原始凭证或原始凭证汇总表，逐笔登记各种明细分类账；

④ 根据各种记账凭证分别编制汇总收款凭证、汇总付款凭证和汇总转账凭证；

⑤ 根据各种汇总记账凭证汇总登记总分类账；

⑥ 月末，将日记账、明细分类账的余额与总分类账中相应账户的余额进行核对；

⑦ 月末，根据总分类账和明细分类账的记录编制会计报表。

这种账务处理程序如图 1－10 所示。

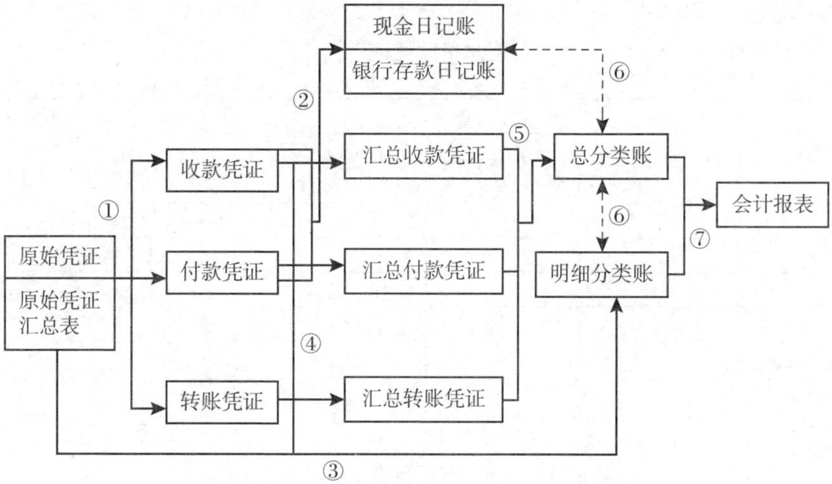

图 1－10　汇总记账凭证账务处理程序

以上各种汇总记账凭证的格式，分别如表 1－26、表 1－27、表 1－28 所示。

由此可见，汇总记账凭证账务处理程序的主要特点是：先定期将所有的记账凭证汇总编制成汇总记账凭证，然后再根据汇总记账凭证登记总分类账。其优点是，由于总分类账是根据汇总记账凭证于月终时一次登记入账的，从而大大简化了总分类账的登记工作，并且在汇总记账凭证和总分类账中能反映账户之间的对应关系，便于对经济活动的情况进行分析和检查。但是，由于这种账务处理程序的汇总转账凭证是按每一贷方账户而不是按经济业务的性质归类汇总的，因而不利于日常核算工作的合理分工，而且汇总编制记账凭证的工作量也较大，因此，这种账务处理程序适用于规模较大、经济业务较多的单位。

表 1－26

汇总收款凭证

借方科目:库存现金　　　　2009 年 1 月　　　　现汇收第 1 号

贷方科目	金额				总账页数	
	1~10日现收字第1号至第1号	11~20日现收字第　号至第　号	21~31日现收字第　号至第　号	合计	借方	贷方
其他应收款	40.00			40.00		
合　　计	40.00			40.00		

登记在相关总账的贷方

登记在“库存现金”总账的借方

表 1－27

汇总付款凭证

贷方科目:库存现金　　　　2009 年 1 月　　　　现汇付第1号

借方科目	金额				总账页数	
	1~10日现付字第1号至第1号	11~20日现付字第　号至第　号	21~31日现付字第3号至第3号	合计	借方	贷方
其他应收款	1200.00			1200.00		
应付职工薪酬	100329.00			100329.00		
销售费用			400.00	400.00		
合　　计	101529.00		400.00	101929.00		

登记在相关总账的借方

登记在“库存现金”总账的贷方

表 1－28

汇总转账凭证

贷方科目:原材料　　　　2009 年 1 月　　　　转汇第1号

借方科目	金额				总账页数	
	1~10日转字第1号至第10号	11~20日转字第11号至第13号	21~31日转字第14号至第31号	合计	借方	贷方
生产成本	406000.00			406000.00		
制造费用	24000.00			24000.00		
管理费用	12000.00			12000.00		
其他业务支出			100000.00	100000.00		
合　　计	442000.00		100000.00	542000.00		

登记在“原材料”总账的贷方

登记在相关总账的借方

（三）科目汇总表账务处理程序

科目汇总表账务处理程序是指对发生的经济业务，根据原始凭证或原始凭证汇总表编制记账凭证，再根据记账凭证定期编制科目汇总表，并据以登记总分类账的一种账务处理程序。这种账务处理程序的显著特征是：设置科目汇总表，并根据记账凭证定期编制科目汇总表，然后根据科目汇总表登记总分类账。

运用科目汇总表账务处理程序，在凭证和账簿的设置上与记账凭证账务处理程序相同，仍需设置收款凭证、付款凭证、转账凭证、现金日记账、银行存款日记账以及各种明细分类账和总分类账。但是，为了定期将全部记账凭证进行汇总，还应另行设置“科目汇总表”。科目汇总表的一般格式如表 1－29 所示。

表 1-29　　　　　　　　**科目汇总表**

日期：2014 年 6 月 1 日至 2014 年 6 月 30 日　　　　　　　　编号：06

凭证起讫号数：01 号至 30 号止

会计科目	借方金额											√	贷方金额											√
	亿	千	百	十	万	千	百	十	元	角	分		亿	千	百	十	万	千	百	十	元	角	分	
库存现金					1	5	1	0	0	0	0						1	4	8	5	0	0	0	√
银行存款				1	3	0	8	0	0	0	0						4	0	8	0	0	0	0	√
应收票据					1	4	7	0	0	0	0													√
应收账款																	1	2	1	0	0	0	0	√
预付账款																	1	3	5	0	0	0	0	√
材料采购					3	3	7	0	0	0	0						1	7	7	0	0	0	0	√
原材料					1	7	7	0	0	0	0							2	4	1	0	0	0	√
产成品				1	3	8	4	8	8	0	0					1	1	2	0	5	7	0	0	√
其他应收款																		1	1	0	0	0	0	√
短期借款																	4	5	0	0	0	0	0	√
应付票据																	1	6	0	0	0	0	0	√
应付账款					1	4	0	0	0	0	0													√
预收账款					2	3	2	0	0	0	0													√
应付职工薪酬					1	4	1	0	0	0	0													√
应交税费																	1	1	5	1	5	0	0	√
营业收入																	2	3	0	0	0	0	0	√
营业成本					1	2	6	5	7	0	0													√
生产成本																	4	2	4	0	0	0	0	√
制造费用						6	9	5	0	0	0													√
营业税金及附加																		2	4	0	0	0	0	√
销售费用						2	8	0	0	0	0													√
本年利润																	6	9	3	6	3	0	0	√
合计				4	2	4	1	9	5	0	0					4	2	4	1	9	5	0	0	√

科目汇总表是根据记账凭证汇总编制，列示各总分类账户的本期发生额，据以登记总分类账的一种记账凭证汇总表。

为了便于科目汇总表的汇总，必须注意以下三点：

（1）在科目汇总表账务处理程序下，记账凭证最好采用单式凭证，以便按科目分类汇总。如果采用复式记账凭证，每一收款凭证最好应填列一个贷方科目，每一付款凭证最好应填列一个借方科目，转账凭证最好应填列一个借方科目和一个贷方科目。

（2）科目汇总表汇总的时间间隔应根据各单位业务量的大小而定，一般不宜过长。业务量多的单位可每天汇总一次，对于业务量较少的单位来说，科目汇总表的汇总时间间隔以不超过 10 天为宜，以便对发生额进行试算平衡，并及时了解资金运动状况。

（3）在科目汇总表中，还应注明据以编制的各种记账凭证的起讫字号，以备进行检查。

在实际工作中，科目汇总表可采用不同的格式，既可以用一张通用的科目汇总表汇总所有账户，也可以按现金、银行存款和转账业务分别汇总与各该业务有关的账户。

科目汇总表账务处理程序的一般步骤如下：

① 根据原始凭证或原始凭证汇总表编制记账凭证；

② 根据收款凭证、付款凭证登记现金日记账和银行存款日记账；

③ 根据记账凭证及其所附的原始凭证和原始凭证汇总表登记各明细分类账；

④ 根据记账凭证定期编制科目汇总表；

⑤ 根据科目汇总表定期登记总分类账；

⑥ 现金日记账、银行存款日记账和明细分类账定期分别与总分类账相互核对；

⑦ 根据总分类账和明细分类账编制会计报表。

科目汇总表账务处理程序的一般步骤如图 1－11 所示。

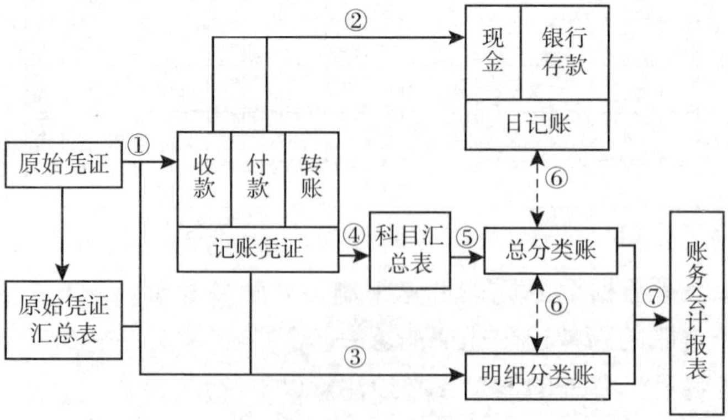

图 1－11

科目汇总表账务处理程序的主要优点是：采取汇总登记总分类账的方式，大大简化了登记总账的工作量；通过科目汇总表的编制，将各科目本期借、贷方发生额的合计数进行试算平衡，可以及时发现填制凭证和汇总过程中的错误，从而保证了记账工作的质量。

科目汇总表账务处理程序的缺点是：不分对应科目进行汇总，不能反映各科目的对应关系，不便于对经济业务进行分析和检查；如果记账凭证较多，根据记账凭证编制科目汇总表本身也是一项很复杂的工作，如果记账凭证较少，运用科目汇总表登记总账又起不到简化登记总账的作用。因此，这种账务处理程序一般适用于规模较大、经济业务较多的企业和单位。

十一、如何更正错账？

如果会计账簿记录发生错误，不允许用涂改、挖补、刮擦、药水消除字迹等手段更正错误，也不允许重抄，而应当根据情况按照规定的方法进行更正。更正错账的方法通常有三种：划线更正法、红字更正法和补充登记法。一般应根据错误的性质和具体情况选用不同的方法更正。

（一）划线更正法

划线更正法，适用于在结账前发现记账凭证正确，纯粹属于登账过程中产生的差错导致的错账。如过账时记错记账方向、记账金额，结错余额，错写摘要，乃至过错账户等。

采用划线更正法更正错误，是在错误的文字或数字正中划一条红线，表示注销，然后再将正确的文字或数字用蓝黑字写在划销的文字或数字上面，并由经手人在更正外盖章，以明确责任。需要注意的是，当数字发生错误时，必须将整笔数字全部划去，重新书写，不得只划错误的数字进行局部更正。例如，将 3 500. 00 元误记为 5 300. 00 元，不能只更正其中的“35”，而应将5 300. 00全部划去，再在上方写上正确的 3 500. 00，并在其旁盖章。

【例 1－7】通过银行收回华光公司前欠的货款 45 000 元。原账务处理为：

借：银行存款　　45 000

　　贷：应收账款　　45 000

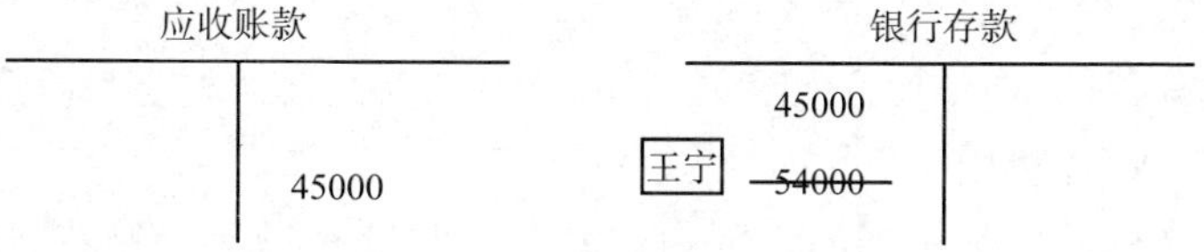

划线更正法仅适用于手工记账系统，采用电子计算机进行账务处理不能采用这种方法。

（二）红字更正法

红字更正法，又称红字冲销法。适用于下列原因导致的错账。

1. 记账凭证中账户对应关系错误引起的错账。在记账以后，发现记账凭证中应借、应贷的会计科目有错误时，应采用红字更正法更正。首先，填制一张与出错凭证基本相同的红字凭证，在“摘要”栏中注明更正错账的凭证号数，无须填写附件张数，并登记入账，从而在账上全部冲销所发生的错误；其次，用正常墨水填制一张正确的记账凭证，并据以登记入账。这样，期末结账时，账簿上所体现的本期发生额和余额就是企业实际的数额。

【例 1－8】某生产车间领用材料价值 1 200 元。原来填制的记账凭证为：

借：管理费用　　1 200

　　贷：原材料　　1 200

企业在对账时发现该项错误，予以更正。

首先，应按原分录填制一张红字金额的记账凭证，并登记入账。

借：管理费用　　[1 200]

　　贷：原材料　　[1 200]

其次，用蓝字填制一张正确的记账凭证，并登记入账。

借：制造费用　　1 200

　　贷：原材料　　1 200

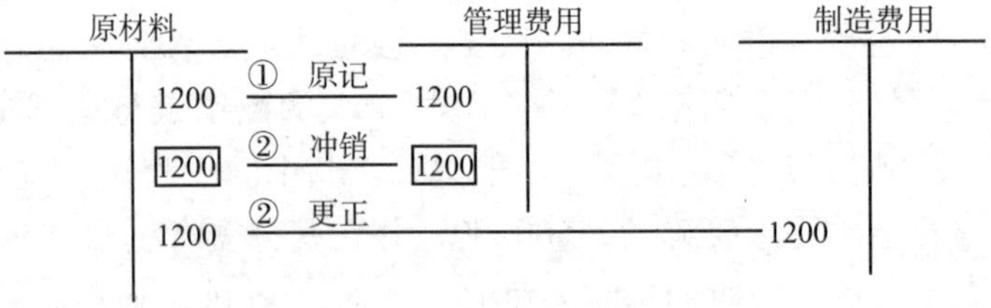

注意：运用红字更正法更正错误时，必须考虑科目间的对应关系，因而不能只在错误的科目之间更正。例如，更正上述错账时，只编制如下会计分录的记账凭证入账。

借：制造费用　　1 200

　　贷：管理费用　　1 200

显然，这种做法是错误的，因为这笔业务并没有引起“制造费用”账户和

"管理费用"账户发生对应关系。这种处理虽然使账户的余额正确，但账户的本期发生额却不能反映实际情况，因此，不能对错账简单地编制与出错凭证对应关系相反的会计分录进行更正。

2. 记账凭证中账户对应关系正确，只是金额多记的错账。记账以后，发现记账凭证中应借应贷的科目无误但账上金额大于实际发生的金额（即金额多记）的错账。更正错误时，只需用红字按原对应关系编制一张记账凭证，将多记金额填上，并据以入账即可。

【例1－9】通过银行归还前欠华维公司的购货款25 000元。原账务处理为：

借：应付账款　　52 000

　　贷：银行存款　　52 000

发现错误时，用红字金额编制如下分录的记账凭证并登记入账。

借：应付账款　　27 000

　　贷：银行存款　　27 000

以上两张记账凭证在有关总分类账中的更正记录如下所示：

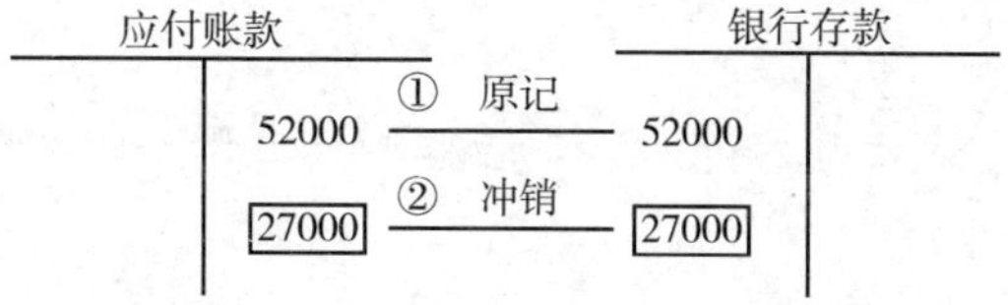

（三）补充登记法

补充登记法，适用于记账凭证中账户对应关系正确但实记金额小于应记金额（即少记金额）的错账。更正错账时，将少记的金额用蓝字补填一张记账凭证，并在"摘要"栏内注明补记×月×日××号凭证少记数，据以补充入账。

【例1－10】承上〖例1－9〗，编制记账凭证时，金额误写为2 500元，并已登记入账。

借：应付账款　　2 500

　　贷：银行存款　　2 500

发现错误时，用蓝字编制少记金额的记账凭证并登记入账：

借：应付账款　　22 500

　　贷：银行存款　　22 500

以上两张记账凭证在有关总分类账中的更正记录如下：

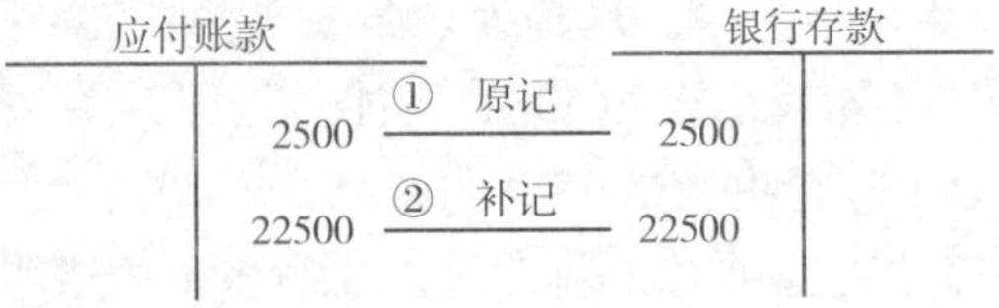

必须指出的是，这种错误同样也可以采用红字更正法予以更正，即：先用红字金额填制一张会计科目、记账方向以及记入金额等内容与原错误凭证一致的记账凭证，据以入账，以冲销原错误记录；再按正常程序用蓝字编制一张正确的记账凭证，并据以入账。显然，这种做法不如直接采用补充登记法更为简单。因此，凡需采用补充登记法更正的错账，均能采用红字更正法，但是反过来则不一定成立。

综上所述，对于错账的更正方法，其逻辑判断思路如图 1－12 所示。

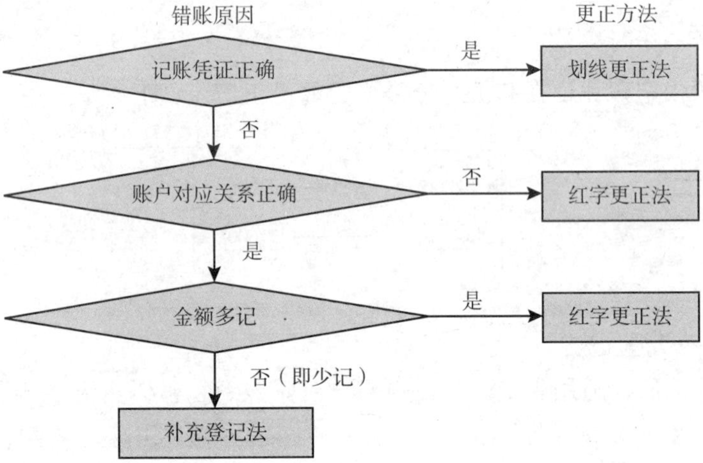

图 1－12

十二、如何进行对账与结账？

（一）对账的内容

对账，是指核对账目。为了保证账簿记录的真实、正确、可靠，对账簿和账户所记录的有关数据加以检查和核对就是对账工作，应坚持对账制度，通过对账工作检查账簿记录内容是否完整、有无错记或漏记、总分类账与明细分类账数字是否相等，以做到账证相符、账账相符、账实相符。应当定期将会计账簿记录的有关数字与库存实物、货币资金、有价证券往来单位或个人等进行相互核对，保证账证相符、账账相符、账实相符。对账工作每年至少进行一次。

对账的主要内容包括以下三个方面。

1. 账证核对，是根据各种账簿记录与记账凭证及其所附的原始凭证进行核对。核对会计账簿记录与原始凭证和记账凭证的时间、凭证字号、内容、金额是否一致以及记账方向是否相符。核对账证是否相符的主要方法如下：

（1）看总账与记账凭证汇总表是否相符。

（2）看记账凭证汇总表与记账凭证是否相符。

（3）看明细账与记账凭证及所涉及的支票号码及其他结算票据种类等是否相符。

2. 账账核对，是指对各种账簿之间的有关数字进行核对。核对不同会计账簿记录是否相符，包括：总账有关账户的余额核对；总账与明细账核对；总账与日记账核对；会计部门的财产物资明细账与财产物资保管和使用部门的有关明细账核对等。具体方法如下。

（1）看总账资产类科目各账户与负债、所有者权益类科目各账户的余额合计数是否相符。即：

① 总账资产类账户余额 = $\sum$ 总账负债、所有者权益账户余额。

② 总账各账户借方发生额（或贷方发生额）= $\sum$ 总账各账户贷方发生额（或借方发生额）。

（2）看总账各账户与所辖明细账户的各项目之和是否相符。

① 总分类账户与其所属的各个明细分类账户之间本期发生额的合计数应相等。

② 总分类账户与其所属的各个明细分类账户之间的期初、期末余额应相等。

（3）看会计部门的总账、明细账与有关职能部门的账和卡之间是否相符。

① 会计部门的有关财产物资的明细分类账的余额应该同财产物资保管部门和使用部门经管的明细记录的余额定期核对相符。

② 各种有关债权、债务明细账的余额应当经常或定期同有关的债务人、债权人核对相符。

③ 现金日记账、银行存款日记账余额应该同总分类账有关账户的余额定期核对相符。

④ 已缴国库的利润、税金以及其他预算缴款应该同征收机关按照规定的时间核对相符。

3. 账实核对，是指各种财产物资的账面余额与实存数额相互核对。核对会计账簿记录与财产等实有数额是否相符，包括：现金日记账账面余额与现金实际库存数核对；银行存款日记账账面余额与银行对账单核对；各种财产物资明细账账面余额与财产物资实存数额核对；各种应收、应付款明细账账面余额与有关债务、债权单位或者个人核对等。主要方法如下：

（1）现金日记账的账面余额与现金实际库存数额每日核对，并填写库存现金核对情况报告单作为记录。发生长、短款时，应即列作“待处理财产损溢”，待查明原因经批准后再进行处理。单位会计主管应经常检查此项工作。

（2）对库存现金进行清查核对时，出纳人员必须在场，不允许以借条、收据充抵现金。要查明库存现金是否超过限额、是否存在坐支问题。

（3）银行存款日记账的账面余额与开户银行对账单核对。每收到一张银行对账单，经管人员应在 3 日内核对完毕，每月编制一次“银行存款余款调节表”，会计主管人员每月至少检查一次，并写出书面检查意见。

（4）有价证券账户应与单位实存有价证券（如国库券、重点企业债券、股票或收款票据等）核对相符，每半年至少核对一次。

（5）商品、产品、原材料等明细账的账面余额，应定期与库存数相核对；对其他财产物资账户也要定期核对。年终要进行一次全面的清查。

（6）各种债权、债务类明细账的账面余额要与债权人、债务人账面记录核对、清理。对于核对、清理结果，要及时以书面形式向会计主管人员汇报，并报单位领导人。对于存在的问题应采取措施，积极解决。

（7）出租、租入、出借、借入财产等账簿，除合同期满应进行清结外，至少每半年核对一次，以保证账实相符。

对账后必须及时调整账目。如果对账形成的未达账项在对账单上长期挂账，以后再想调账还需要重新核实，否则，会不知道如何进行账务处理。另外，不调整账目会影响企业应付账款的真实余额。调整账目需要供应商提供复印件的，应要求供应商配合；对于金额较小的未达账项，可以简化处理，凭对账单和企业自制说明作为记账凭证附件进行账务处理。需要供应商调账的，采购企业还要督促、协助供应商及时调账。因为如果供应商不及时调账，也会影响其应收债权的真实余额。

通过上述对账工作，做到账证相符、账账相符和账实相符，使会计核算资料真实、正确、可靠。

（二）结账的方法

结账，是指把一定时期内应记入账簿的经济业务全部登记入账后，计算记录本期发生额及期末余额，并将余额结转下期或新的账簿。

其内容包括：(1) 检查本期内日常发生的经济业务是否已全部登记入账，若发现漏账、错账，应及时补记、更正。(2) 在实行权责发生制的单位，应按照权责发生制的要求进行账项调整的账务处理，以计算确定本期的成本、费用、收入和财务成果。(3) 在本期全部经济业务登记入账的基础上，结算出所有账户的本期发生额和期末余额。计算登记各种账簿的本期发生额和期末余额。

会计人员应按照规定对现金、银行存款日记账按日结账，对其他账户按月、季、年结账。

(1) 日结或月结时，应在该日、该月最后一笔经济业务下面画一条通栏单红线，在红线下“摘要”栏内注明“本日合计”或“本月合计”、“本月发生额及余额”字样，在“借方”栏、“贷方”栏或“余额”栏分别填入本日、本月合计数和月末余额，同时在“借或贷”栏内注明借贷方向。然后，在这一行下面再画一条通栏红线，以便与下日、下月发生额划清。

(2) 季结时，通常在每季度的最后一个月月结的下一行，在“摘要”栏内注明“本季合计”或“本季度发生额及余额”，同时结出借、贷方发生总额及季末余额。然后，在这一行下面画一条通栏单红线，表示季结的结束。

(3) 年结时，在第四季度季结的下一行，在“摘要”栏注明“本年合计”或“本年发生额及余额”，同时结出借、贷方发生额及期末余额。然后，在这一行下面划通栏双红线，以示封账。

(4) 年度结账后，总账和日记账应当更换新账，明细账一般也应更换。但有些明细账如固定资产明细账等可以连续使用，不必每年更换。年终时，要把各账户的余额结转到下一会计年度，只在摘要栏注明“结转下年”字样，结转金额不再抄写。如果账页的“结转下年”行以下还有空行，应当自余额栏的右上角至日期栏的左下角用红笔划对角斜线注销。在下一会计年度新建有关会计账簿的第一行余额栏内填写上年结转的余额，并在摘要栏注明“上年结转”字样。

(5) 编制会计报表前，必须把总账和明细账登记齐全，试算平衡，不准先出报表、后补记账簿和办理结账。

(6) 凡涉及债权债务及待处理事项的账户，填写“上年结转”时，还应在摘要栏填写组成金额的发生日期及主要经济业务内容说明，一行摘要栏写不完的，可以在次行摘要栏继续填写，最后一行的余额栏填写上年度余额。

按照结账程序的规定，在实际工作中要注意以下四点：

（1）结账时应当根据不同的账户记录分别采用不同的方法。

①对不需要按月结计本期发生额的账户，如各项应收款明细账和各项财产物资明细账等，每次记账以后都要随时结出余额，每月最后一笔余额即为月末余额。也就是说，月末余额就是本月最后一笔经济业务记录的同一行内的余额。月末结账时，只需要在最后一笔经济业务记录之下划一单红线，不需要再结计一次余额。

②现金日记账、银行存款日记账和需要按月结计发生额的收入、费用等明细账。每月结账时，要在最后一笔经济业务记录下面划一单红线，结出本月发生额和余额，在摘要栏内注明“本月合计”字样，在下面再划一条单红线。

③需要结计本年累计发生额的某些明细账户，如产品销售收入、成本明细账等，每月结账时，应在“本月合计”行下结计自年初起至本月末止的累计发生额，登记在月份发生额下面，在摘要栏内注明“本年累计”字样，并在下面再划一单红线。12月末的“本年累计”就是全年累计发生额，全年累计发生额下划双红线。

④总账账户平时只需结计月末余额。年终结账时，为了反映全年各项资产、负债及所有者权益增减变动的全貌，便于核对账目，要将所有总账账户结计全年发生额和年末余额，在摘要栏内注明“本年合计”字样，并在合计数下划一双红线。采用棋盘式总账和科目汇总表代替总账的单位，年终结账时，应当汇编一张全年合计的科目汇总表和棋盘式总账。

⑤需要结计本月发生额的某些账户，如果本月只发生一笔经济业务，由于这笔记录的金额就是本月发生额，结账时，只要在此行记录下划一单红线，表示与下月的发生额分开就可以了，不需另结出“本月合计”数。

（2）结账如何划线。结账划线的目的是为了突出本月合计数及月末余额，表示本会计期的会计记录已经截止或结束，并将本期与下期的记录明显分开。根据《会计基础工作规范》的规定，月结划单线，年结划双线。划线时，应划红线；划线应划通栏线，不应只在本账页中的金额部分划线。

（3）账户余额的填写方法。每月结账时，应将月末余额写在本月最后一笔经济业务记录的同一行内。但在现金日记账、银行存款日记账和其他需要按月结计发生额的账户，如各种成本、费用、收入的明细账等，每月结账时，还应将月末余额与本月发生额写在同一行内，在摘要栏注明“本月合计”字样。这样做，账户记录中的月初余额加减本期发生额等于月末余额，便于账户记录的稽核。需要结计本年累计发生额的某些明细账户，每月结账时，“本月合计”行已有余额的，“本年累计”行就不必再写余额了。

（4）能否用红字结账。账簿记录中使用的红字，具有特定的含义，它表示蓝字金额的减少或负数余额。因此，结账时，如果出现负数余额，可以用红字在余额栏登记，但如果余额栏前印有余额的方向（如借或贷），则应用蓝黑墨水书写，而不得使用红色墨水。

年度终了，要把各账户的余额结转到下一会计年度，并在摘要栏注明“结转下年”字样；在下一会计年度新建有关会计账簿的第一余额栏内填写上年结转的余额，并在摘要栏注明“上年结转”字样。

十三、如何编制试算平衡表？

所谓试算平衡，就是根据借贷记账法的“有借必有贷，借贷必相等”的平衡原理，检查和验证账户记录正确性的一种方法。试算平衡工作是通过编制试算平衡表完成的。编制试算平衡表，是为了在结计利润以前及时发现错误并予以更正。同时，它汇集了各账户的资料，依据试算平衡表编制会计报表将比直接依据分类账编制会计报表更为方便，对于拥有大量分类账的企业尤其如此。试算平衡表如表 1－30 所示。

表 1－30　　试算平衡表

2013 年 12 月　　单位：元

账户名称	期初余额		本期发生额		期末余额	
	借方	贷方	借方	贷方	借方	贷方
库存现金	3000		2200	4300	900	
银行存款	4862250		11374600	1513060	14723790	
应收票据	120000		234000		354000	
应收账款	180000		643800	823800		
预付账款			100000	100000		
其他应收款	5000		3000	5000	3000	
原材料	720000		761200	1020680	460520	
在途物资	61000			61000		
库存商品	2300000		1085831.5	1425000	1960831.5	

续表

账户名称	期初余额		本期发生额		期末余额	
	借方	贷方	借方	贷方	借方	贷方
生产成本			1085831.5	1085831.5		
制造费用			57136.5	57136.5		
固定资产	8400000		140400		8540400	
累计折旧		2212000		30000		2242000
无形资产	386000			100000	286000	
应付票据		80000				80000
短期借款		200000	100000			100000
应付账款		85100	342820	257720		
预收账款		100000	100000			
应付职工薪酬			69000	69000		
应交税费		45000	161960	446100		329140
应付股利				184206.05		184206.05
长期借款		2000000				2000000
实收资本		9000000		5000000		14000000
资本公积		100000		4000000		4100000
盈余公积		144000		26315.15		170315.15
未分配利润		763000	210521.2	2571301.5		3123780.3
主营业务收入			1990000	1990000		
营业外收入			100000	100000		
主营业务成本			1425000	1425000		
营业税金及附加			22000	22000		
销售费用			147525	147525		
管理费用			46523.5	46523.5		
营业外支出			100000	100000		
所得税费用			85800	85800		
本年利润		2308150	4398150	2090000		
合　计	17037250	17037250	24787299.2	24787299.2	26329441.5	26329441.5

试算平衡表可定期或不定期地编制，它是企业经常性的会计工作之一。因为试算平衡表使用频繁，所以企业大多事先印好企业名称、试算平衡表名称、

账户名称，实际编制时只要填入各账户余额或发生额并予以汇总即可。与上述两种试算平衡原理相对应，借贷记账法的试算平衡有账户发生额试算平衡法和账户余额试算平衡法两种。前者是以借贷记账法的记账规则为依据的，后者是以资产等于权益（负债与所有者权益）的会计等式为依据的。试算平衡表一般设为六栏，既可以进行总分类账户本期发生额的试算平衡，也可以进行总分类账户期初余额和期末余额的试算平衡。

把一定时期例如一个月或一个年度的各项经济业务按照“有借必有贷，借贷必相等”的记账规则编制成会计分录，并全部登入总账以后，如果不发生错误，那么，每一笔会计分录中的借、贷两方金额及全部账户中借方发生额合计和贷方发生额合计都应能自动保持平衡。在此基础上，企业便可以结计本期利润，编制会计报表。

（一）账户发生额试算平衡法

账户发生额试算平衡法是以本期全部账户的借方发生额合计数和贷方发生额合计数是否相等来检验账户记录正确性的一种试算平衡方法。其平衡公式如下：

全部账户本期借方发生额合计 = 全部账户本期贷方发生额合计

根据借贷记账法“有借必有贷，借贷必相等”的记账规则，每一笔经济业务的会计分录，其借、贷两方的发生额必然是相等的。一定时期内，所有账户的借方发生额合计数和贷方发生额合计数，分别是所有经济业务的会计分录的借方发生额和贷方发生额的累计。因此，将一定时期内的全部经济业务的会计分录登账后，所有账户的本期借方发生额和本期贷方发生额的合计数额也必然相等。

（二）账户余额试算平衡法

账户余额试算平衡法是以全部账户期末的借方余额合计数和贷方余额合计数是否相等来检验账户记录正确性的一种试算平衡方法。其平衡公式如下：

全部账户的借方余额合计 = 全部账户的贷方余额合计

根据借贷记账法的账户结构可知，所有账户的借方余额之和是资产的合计数，所有账户的贷方余额之和是权益的合计数，资产必然等于权益，因此，所有账户的期末借方余额合计数必然等于期末贷方余额合计数。

如果试算平衡表借方余额合计数和贷方余额合计数不相等，说明肯定存在错误，应当予以查明纠正。一般来说，首先应检查试算平衡表本身有无差错，即借方余额和贷方余额的合计数有无漏加或错加。如果试算平衡表本身没有加算错误，就须用下列方法依次进行检查，直至找出错误为止。

（1）检查全部账户是否都已列入了试算平衡表，并检查各个账户的发生额和期末余额是否都已正确地抄入试算平衡表。

（2）复核各个账户的发生额和期末余额是否计算正确。

（3）追查由记账凭证转记分类账的过程，核对后应在已核对数旁作核对记号。追查结束后，再查寻一下记账凭证、分类账上有无未核对的金额。追查记账过程时，不仅要注意金额是否无误，而且要核对过账时借方和贷方有无错置。

（4）核实记账凭证编制是否正确，有无记账方向差错、违反“有借必有贷，借贷必相等”的记账规则，排除凭证错误。

通过上述检查，一般来说，错误可以查出。但是，试算平衡，只能说总分类账的登记基本正确，不能说绝对正确。

如果试算平衡表借方余额合计数和贷方余额合计数相等，并不一定表示账户处理完全正确。有些错误的发生不会导致试算平衡表中各账户借方余额合计数与贷方余额合计数的失衡。例如，漏过会计分录；重过会计分录；错过会计分录所确定的应借、应贷账户；过账错误但数额恰好互相抵销；等等。这些错误并不影响试算平衡，试算平衡表难以发现。但是，会计记录上的大多数错误往往会使借贷失衡，试算平衡表在验证会计处理正确性方面仍有其重要的功效，不失为简便、有效的验证工具。

十四、如何编制银行存款余额调节表？

企业的银行存款日记账应经常与开户银行送来的银行对账单进行账单核对检查。账单相符则表明记账正确，账单不相符时，则要根据具体情况分别处理。一种情况是记账错误导致双方余额不相符。当发现错误后应及时进行更正，如属于银行记账的错误，应通知银行给予更正；若属于本单位记账错误，应按更正错误的方法及时给予更正。另一种情况是存在未达账项。未达账项，是指在本单位和开户银行之间，由于同一笔款项的凭证传递时间和记账时间的不同，会产生一方已经登记入账而另一方尚未登记入账的会计事项。未达账项出现，会造成银行存款对账单记录双方的余额不相等。但这种情况不是记账错误。

未达账项有四种情况：第一，企业已经收款登账而银行未入账的事项；第二，企业已经付款登账而银行未入账的事项；第三，银行已经收款登账而企业未入账的事项；第四，银行已经付款登账而企业未入账的事项。

未达账项的调整方法如图 1 – 13 所示。

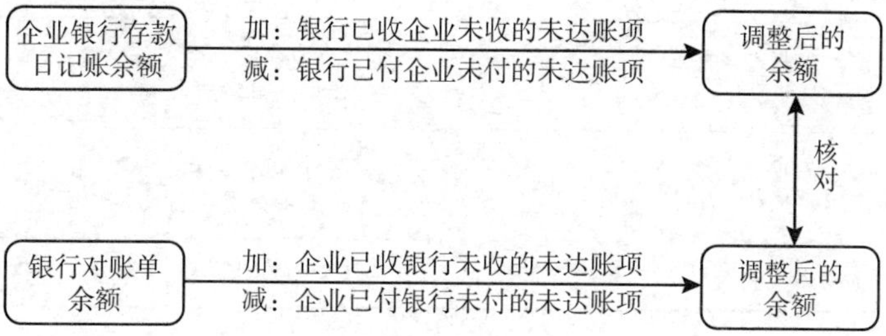

图 1 – 13

以上四种情况，如果有任何一种或几种情况发生，都会使双方的账面余额不相等。对此，企业可采取编制银行存款余额调节表的方式检查账簿记录的正确性。具体做法是：出纳人员将银行存款日记账与银行对账单逐笔核对，如双方记录一致，则打“√”标记，表示记账正确；没有“√”标记的记录则是记账错误或未达账项。核对后，对未达账项编制银行存款余额调节表。如果银行存款余额调节表中的调整后存款余额双方相等，就表示记账没有错误；反之，则说明记账有错误，需进一步与银行核对，以便及时更正。

【例 1 – 11】达森公司在工商银行（账号：9630000）的账户 2015 年 1 月 31 日的银行存款日记账余额为 15 681 元，工商银行提供的银行对账单的余额为 25 233 元，经逐笔核对发现存在以下未达账项：

①公司 1 月 31 日送存银行的兴华公司开来的偿还购货款的转账支票 8 386 元银行尚未入账。

②公司委托银行代收明达公司货款 6 638 元银行收妥后已经入账，公司因未收到银行的收账通知而尚未入账。

③公司已经于 1 月 30 日签发 0213063 号转账支票（金额为 11 368 元）向三丰公司支付购货款并已经登记入账，收款单位尚未到银行办理转账手续，银行尚未入账。

④银行 1 月份收取的手续费 68 元已经在对账单上扣除。

根据以上未达账项，出纳人员可以编制银行存款余额调节表，如表 1 – 31 所示。

表 1-31　　银行存款余额调节表

银行账户：工行结算户　　2015 年 1 月 31 日　　账号：9630000

企业日记账余额	15 681	银行对账单余额	25 233
加：银行已收、企业未入账 明达公司承付货款	6 638	加：企业已收、银行未入账 兴华公司还购货欠款	8 386
减：银行已付、企业未入账 银行收到的手续费	68	减：企业已付、银行未入账 向三丰公司支付购货	11 368
调整后余额	22 251	调整后余额	22 251

需要注意的是，编制银行存款余额调节表只是为了检查账簿记录的正确性，绝不能据此表将未达账项内容登记入账。

十五、如何编制财务会计报表?

财务会计报表是根据日常会计核算资料定期编制的综合反映企业某一特定日期财务状况和某一会计期间经营成果、现金流量的总结性书面文件。它是企业财务报告的主要部分，是企业向外传递会计信息的主要手段。它具有为评价企业经营业绩和改善经营管理提供重要信息、为国家经济管理机构进行宏观调控与管理提供必要信息、为投资者和贷款者进行决策提供有用信息的作用。为了确保财务会计报表信息的质量，编制财务会计报表必须做到：

1. 真实可靠。财务会计报表指标应当如实反映企业的财务状况、经营成果和现金流量。保证财务会计报表的真实可靠需做以下准备工作。

（1）企业在编制年度财务会计报告前，应当按照规定，全面清查资产、核实债务；

（2）核对各会计账簿记录与会计凭证的内容、金额等是否一致，记账方向是否相符；

（3）依照规定的结账日进行结账，结出有关会计账簿的余额和发生额，并核对各会计账簿之间的余额；

（4）检查相关的会计核算是否按照国家统一的会计制度的规定进行；

（5）对于国家统一的会计制度没有规定统一核算方法的交易、事项，检查其是否按照会计核算的一般原则进行确认和计量以及相关账务处理是否合理；

（6）检查是否存在因会计差错、会计政策变更等原因需要调整前期或者本期相关项目，在前款规定工作中发现问题的应当按照国家统一的会计制度的规定进行处理。

2. 全面完整。财务会计报表应当反映企业生产经营活动的全貌，全面反映企业的财务状况、经营成果和现金流量。企业应当按照规定的财务会计报表的格式和内容编制财务会计报表。企业应按规定编报国家要求提供的各种财务会计报表，对于国家要求填报的有关指标和项目，应按照有关规定填列。

3. 前后一致。编制财务会计报表依据的会计方法前后期应当遵循一致性原则，不能随意变更。如果确需改变某些会计方法，应在报表附注中说明改变的原因及改变后对报表指标的影响。

4. 编报及时。企业应根据有关规定，按月、按季、按半年、按年及时对外报送财务会计报表。

财务会计报表的报送期限由国家统一加以规定。

（1）月报应于月度终了后6天内（节假日顺延，下同）对外提供；

（2）季报应于季度终了后15天内对外提供；

（3）上市公司半年报应于年度中期结束后60天内（相当于两个连续的月份）对外提供；

（4）上市公司年报应于年度终了后4个月内对外提供，非上市公司年报应于年度终了后35天内报送。

企业财务会计报表的具体编制，应按《企业会计制度》和《企业会计准则》的要求编制。

会计基本技能训练要求掌握资产负债表和利润表的编制，这两张表的格式如表1－32、表1－33所示。

表1－32　　**资产负债表**

会企01表

填表单位：　　　　年　月　日　　　　金额单位：元

资　　产	行次	期初余额	期末余额	负债和所有者权益（或股东权益）	行次	期初余额	期末余额
流动资产：	1			流动负债	34		
货币资金	2			短期借款	35		
交易性金融资产	3			交易性金融负债	36		
应收票据	4			应付票据	37		
应收账款	5			应付账款	38		
预付款项	6			预收款项	39		

续表

资　产	行次	期初余额	期末余额	负债和所有者权益（或股东权益）	行次	期初余额	期末余额
应收利息	7			应付职工薪酬	40		
应收股利	8			应缴税费	41		
其他应收款	9			应付利息	42		
存货	10			应付股利	43		
一年内到期的非流动资产	11			其他应付款	44		
其他流动资产	12			一年内到期的非流动负债	45		
流动资产合计	13			其他流动负债	46		
非流动资产：	14			流动负债合计	47		
可供出售金融资产	15			非流动负债：	48		
持有至到期投资	16			长期借款	49		
长期应付款	17			应付债券	50		
长期股权投资	18			长期应付款	51		
投资性房地产	19			专项应付款	52		
固定资产	20			预计负债	53		
在建工程	21			递延所得税负债	54		
工程物资	22			其他非流动负债	55		
固定资产清理	23			非流动负债合计	56		
生产性生物资产	24			负债合计	57		
油气资产	25			所有者权益（或股东权益）	58		
无形资产	26			实收资本（或股本）	59		
商誉	27			资本公积	60		
开发支出	28			减：库存股	61		
长期待摊费用	29			盈余公积	62		
递延所得税资产	30			未分配利润	63		
其他非流动资产	31			所有者权益（或股东权益）合计	64		
非流动资产合计	32				65		
资产合计	33			负债和所有者权益（或股东权益）合计	66		

复核：　　　　　　　　　　制表：

表 1－33　　利　润　表

会企 02 表

编制单位：　　　年　　月　　金额单位：元

项　目	本期金额	上期金额
一、营业收入		
减：营业成本		
营业税金及附加		
销售费用		
管理费用		
财务费用		
资产减值损失		
加：公允价值变动收益（损失以“－”号填列）		
投资收益（损失以“－”号填列）		
其中：对联营企业和合营企业的投资收益		
二、营业利润（亏损以“－”填列）		
加：营业外收入		
减：营业外支出		
其中：非流动资产处置损失		
三、利润总额（亏损总额以“－”填列）		
减：所得税费用		
四、净利润（净亏损以“－”填列）		
五、每股收益		
（一）基本每股收益		
（二）稀释每股收益		

复核：　　　　制表：

第二部分　会计学基础模拟实验项目设计

本部分以会计学基础所学的内容为基础，设计了八个模拟实验项目，对每个实验项目的实验目的、实验内容、实验准备、操作步骤和操作要求进行了简要介绍，实验项目所涉及的全部业务资料见本教材第三部分。

实验项目一：基础书写训练

一、实验目的

通过训练会计数字（阿拉伯、汉字）及大小写金额的书写，使学生做到书写清晰、流畅、规范。

二、实验内容

1. 练习会计阿拉伯数字的标准写法。
2. 练习会计大写数字的标准写法。
3. 练习会计大写金额的标准写法。
4. 练习会计小写金额的标准写法。

三、实验准备

本项目实验需要准备以下会计用品：横格纸、会计专用笔和金额栏练习纸。

四、操作步骤

1. 将小写数字 0 ~ 9 在金额栏内按顺序书写。
2. 练习大写数字的写法。
3. 练习有数位分割线的大小写数字的写法。
4. 将下列金额用大、小写表示出来：0.46 元；10 008.06 元；600 元；

45 000元；200 000.13 元；3 001 200 元。

五、操作要求

1. 汉字大写数字要以正楷或行书填写，不得连笔写，字迹要工整、清晰。

2. 大写金额前要冠以“人民币”字样，人民币与金额首位数字之间不得留有空位，数字之间更不能留有空位。

3. 阿拉伯数字前面应当书写货币币种符号或者货币名称简写，如人民币符号￥，币种符号和阿拉伯数字之间不得留有空白。

实验项目二：原始凭证的填制和审核

一、实验目的

掌握原始凭证的基本格式、内容、填制方法、审核内容和方法，进一步理解原始凭证的重要性和会计凭证传递程序。

二、实验内容

1. 熟悉原始凭证的基本内容。
2. 练习原始凭证的填制。
3. 练习原始凭证的审核。

三、实验准备

本项目实验需要准备以下会计用品：现金支票、借款单、差旅费报销单、入库单、出库单、复写纸以及钢笔。

四、操作步骤

1. 分析经济业务。
2. 取得外来原始凭证或自制原始凭证。
3. 填制原始凭证。
4. 审核原始凭证。

五、操作要求

1. 要求学生复习会计学基础中有关原始凭证的内容，对原始凭证的种类、要素等应理解和掌握。

2. 填制原始凭证的具体要求是：真实可靠、内容完整、数字准确、填制及时、书写清楚。

3. 对原始凭证所记载的经济业务在内容上进行审核，使原始凭证具有完整性、合法性。

实验项目三：记账凭证的填制和审核

一、实验目的

了解不同经济业务类型，认识记账凭证的基本格式，掌握记账凭证的填制和审核方法。

二、实验内容

1. 了解记账凭证应具备的基本要素。
2. 练习记账凭证的填制。
3. 练习记账凭证的审核。

三、实验准备

本项目实验需要准备以下会计用品：

1. 收款凭证、付款凭证和转账凭证或通用记账凭证。
2. 科目章、印泥、曲别针、胶水。
3. 蓝黑色钢笔。
4. 凭证粘贴单。

四、操作步骤

1. 取得外来或自制的审核无误的原始凭证。
2. 填制记账凭证。
3. 原始凭证的粘贴。
4. 审核记账凭证。

五、操作要求

1. 记账凭证的内容必须逐项填列，不得遗漏。

2. 会计科目应保持清晰、正确的对应关系，会计科目要写全称，不能简化，子目、细目要准确。

3. 摘要栏的填写要简明扼要、明确清晰，既要反映每笔经济业务的概要，又要避免过分简化。

4. 填写完记账凭证上的经济业务事项后，应当自金额栏最后一笔的金额数字下至合计数之间的空栏处划线注销。

5. 所有记账凭证必须进行编号，并填写在编号栏内。

实验项目四：建账训练

一、实验目的

通过设置各种会计账簿，熟悉会计账簿体系，了解企事业单位发生的经济业务的类别，掌握会计账簿的登记和规定。

二、实验内容

1. 熟悉会计账簿应具备的基本要素。

2. 熟悉账簿的格式。

3. 练习账簿的启用。

三、实验准备

本项目实验需要准备以下会计用品：

1. 实验用品。包括现金日记账、银行存款日记账、总分类账、三栏式明细账、数量金额式明细账、固定资产明细账、红蓝口取纸。

2. 蓝黑钢笔或碳素墨水笔。

四、操作步骤

1. 将各总账的科目名称登记在三栏式账页中，并标在口取纸上按顺序贴在每一账页边上，然后将各总账的期初余额过入总账中。

2. 将“库存现金”、“银行存款”科目的期初余额登记在现金日记账、银行存款日记账中。

3. 将有关明细账的科目名称和期初余额登记在三栏式账页中。

4. 将有关明细账的科目名称和期初余额登记在数量金额三栏式账页中。

5. 将固定资产明细账的科目名称和期初余额登记在固定资产明细账中。

五、操作要求

1. 建账时所填写的内容必须使用蓝黑或碳素墨水笔。

2. 熟悉建账的过程和方法。总账是根据一级会计科目或明细科目设置，每一账户空白账页可视经济业务的多少、登记总账的方法，通过测算预留。

3. 明细账是根据二级科目或明细账科目设置，一张账页不得开设两个不同的账户。建账时所发生的错误，严禁涂改、挖、补、刮、擦或用药物消除字迹，应根据错误的原因不同而选用正确的方法更正。

4. 启用账簿时，要填写账簿启用表。

实验项目五：记账训练

一、日记账的登记

（一）实验目的

熟悉现金日记账和银行存款日记账的借、贷、余的登记，掌握日记账的登记方法和记账技术。

（二）实验内容

1. 熟悉日记账的内容。

2. 练习银行存款日记账的登记。

（三）实验准备

本实验需要准备以下会计用品：

1. 审核无误的收、付款凭证。

2. 现金日记账簿和银行存款日记账簿。

3. 红、蓝水笔各一支，直尺一把。

（四）操作步骤

1. 审核收、付款凭证，确保其真实有效。

2. 登记现金日记账和银行存款日记账的期初余额。

3. 根据收、付款凭证逐笔登记日记账。

4. 结出日记账的当日发生额及余额。

（五）操作要求

登记账簿前要求学生明确账簿登记的基本要求，做到按规则登记账簿。登记账簿的具体要求包括：

1. 登记账簿，要用蓝黑墨水或碳素墨水书写，不得用铅笔、圆珠笔登记。

2. 登记账簿时，文字和数字都不能顶格书写，一般应占行格高度的1/2或1/3，以预留改错空间，同时也是为了保持账面美观。

3. 登记账簿应按序进行，不得跳行、隔页，如不慎出现跳行、隔页时，应当在空行或空页上划对角红线注销，或注明“此行作废”、“此页作废”字样，并由记账人员签名或盖章。

4. 每一账页登记完毕，应结出本页合计数及余额，写于本页最后一行和下页第一行有关栏内，并在摘要栏分别注明“过次页”和“承前页”的字样。

5. 登记银行存款日记账时，除了年、月、日、摘要、凭证号码之外，必须在特定栏目内注明原始凭证种类和号码，以满足与银行对账的要求。

二、明细账的登记

（一）实验目的

熟悉各种明细分类账的格式和所反映的经济内容，掌握明细分类账的登记方法和记账技术。

（二）实验内容

1. 熟悉明细账的内容。

2. 练习明细账的登记。

（三）实验准备

本实验需要准备以下会计用品：

1. 三栏式明细账、数量金额式明细账、固定资产明细账、多栏式明细账、应交税费——应交增值税明细账账页。

2. 收款凭证和转账凭证。

3. 红、蓝水笔各一支，直尺一把。

（四）操作步骤

1. 审核记账凭证，确保账簿登记的准确性。

2. 使用三栏式明细账账页开设“应收账款明细账”，并登记期初余额。

3. 使用数量金额式明细账账页开设“原材料明细账”，并登记期初余额。

4. 根据审核无误的记账凭证登记明细分类账，并结出本期发生额和期末余额。

5. 明细账和总账进行核对。

（五）操作要求

1. 登记账簿要求学生对编制的记账凭证交换审核，以确保账簿登记的准确性。

2. 明细分类账登记，应根据经济业务的繁简和经营管理的实际需要而定，可以根据原始凭证或记账凭证或原始凭证汇总表逐笔登记。

3. 其他登记时的注意事项，参照日记账的登记要求。

三、总账的登记

（一）实验目的

掌握会计核算程序和会计处理方法，掌握总分类账的登记方法和记账技术。

（二）实验内容

1. 熟悉总账的内容。

2. 练习总账的登记。

（三）实验准备

本实验需要准备以下会计用品：

1. 三栏式总分类账簿、带对方科目栏的总分类账簿。

2. 科目汇总表。

3. 汇总收款凭证、汇总付款凭证和汇总转账凭证。

4. 红、蓝水笔各一支，直尺一把，以及相关的其他会计物品。

（四）操作步骤

1. 开设总分类账并登记月初余额。
2. 根据汇总记账凭证，编制科目汇总表。
3. 根据科目汇总表登记总分类账，并进行结账。

（五）操作要求

1. 各总分类账户根据科目汇总表逐笔登记。
2. 其他登记时的注意事项，参照日记账的登记要求。

实验项目六：对账、结账和错账更正

一、实验目的

掌握对账与结账、查找和更正错账的基本方法，以做到账证、账实、账账相符。

二、实验内容

1. 熟悉对账的内容。
2. 熟悉结账的内容。
3. 练习错账更正的方法。

三、实验准备

本项目实验需要准备以下会计用品：

1. 汇总的记账凭证。
2. 登记完毕的总分类账、所有的明细分类账、日记账。
3. 空白记账凭证。
4. 红、蓝水笔各一支，以及其他相关的会计用品。

四、操作步骤

1. 根据记账规则的要求，将各类账中的有关内容登记完整。

2. 月末，结出本月发生额及月末余额。
3. 将总分类账、明细分类账、日记账中的相关内容进行核对。
4. 采用适当的方法更正账簿中的错误。
5. 更正后重新登记相关的账簿，并结出余额。

五、操作要求

1. 对账应将账簿记录与有关会计凭证（记账凭证及所附原始凭证）相核对；在账证核对的基础上，将各种账簿的有关记录进行核对，主要是日记账和总账、明细账和总账的相互核对；在账证核对、账账核对的基础上，将各种财产物资的账面余额与实存数相核对。

2. 结账应该在会计期末进行，即公历每月最后一个工作日终了时。按账户的需要分别结出月份、季度、年度的本期发生额。

3. 错账更正应主要掌握划线更正法、红字更正法、补充登记法的内容及使用范围。

实验项目七：编制科目汇总表

一、实验目的

掌握科目汇总表的编制方法，掌握通过试算平衡及时发现编制过程中的错误并予以纠正的方法，以保证记账质量。

二、实验内容

1. 熟悉科目汇总表的内容。
2. 练习科目汇总表的编制。

三、实验准备

本项目实验需要准备以下会计用品：
1. 汇总记账凭证。
2. 空白的科目汇总表、总分类账。
3. 黑色水笔一支，计算器，以及其他相关会计用品。

四、操作步骤

1. 开设总分类账并登记月初余额。
2. 根据汇总记账凭证，编制科目汇总表。
3. 进行试算平衡。

五、操作要求

1. 科目汇总表的内容包括日期、编号凭证起讫号数、会计科目和借贷金额。
2. 编制出的科目汇总表必须是全部总账科目的借方发生额合计数与贷方发生额合计数相等。
3. 各总分类账户根据科目汇总表每10天登记一次。
4. 月末结账后，应进行试算平衡，检查总分类账户登记是否正确。

实验项目八：编制财务会计报表

一、实验目的

熟悉资产负债表、利润表、现金流量表的基本结构和编制要求，初步掌握资产负债表、利润表、现金流量表的编制方法。

二、实验内容

1. 熟悉财务会计报表的内容。
2. 练习财务会计报表的编制。
(1) 练习资产负债表的编制。
(2) 练习利润表的编制。
(3) 练习现金流量表的编制。

三、实验准备

本项目实验需要准备以下会计用品：
1. 资产负债表、利润表和现金流量表的空白表格。
2. 本期内的总账、各明细分类账以及科目余额汇总表。

3. 黑色水笔一支，计算器，以及其他相关会计用品。

四、操作步骤

1. 结算本期内所有账户的期末余额，并对重要的项目进行清查，核实是否相符，如不符，则调整后入账。

2. 按照报表各项目的填列方法，编制资产负债表、利润表和现金流量表。

五、操作要求

1. 编制财务会计报表之前应将总分类账户与所属各明细分类账户的余额和方向进行核对，在试算平衡相等后再开始编制。

2. 资产负债表中“年初数”栏内各项数字，应根据上年末资产负债表“期末数”栏内所列数字填列；资产负债表“期末数”应根据有关总分类账余额或有关明细分类账余额直接或分析计算填列。

3. 利润表中“本月数”栏内数字反映各项目的本月实际发生数；“本年累计数”栏内数字反映各项目自年初起至报告期末止的累计实际发生数。

第三部分　模拟操作实务——生产型企业综合实验

一、实验目的和要求

（一）实验目的

通过这套综合模拟实验的操作，使学生比较系统地掌握生产型企业会计核算的基本程序和具体方法。该实验以红叶家具有限责任公司为例，设计了从建账到日常会计核算、产品成本核算、利润及利润分配的核算，再到编制财务会计报表的全部过程。通过实际操作，不仅使学生掌握原始凭证和记账凭证的填制和审核、登记账簿、成本计算、利润的形成与分配以及会计报表的编制等会计工作的基本技能和基本方法，而且能使学生亲身体会作为一名出纳、一名会计的具体工作，从而对制造业会计核算全过程有一个比较系统、完整的认识，使他们对会计工作有一个比较全面的认识和了解。

本套实验突出综合性、完整性，注重培养学生的实际操作能力。本实验中的红叶家具有限责任公司及有关数据均为虚构，仅供教学需要。

（二）实验要求

1. 会计科目的设置。实验企业的会计科目均按照我国财政部制定的最新企业会计准则设置，根据所给出的模拟企业的实验资料，建立企业的账簿体系。

2. 原始凭证的填制和审核。在实验过程中有一些原始凭证，如现金支票、转账支票、进账单、产品成本计算单等，需要学生根据业务自行填制，并对所有的原始凭证进行审核。

3. 记账凭证的填制和审核。记账凭证使用统一的、通用格式的记账凭证，也可以使用收款凭证、付款凭证和转账凭证等专用凭证。记账凭证根据审核无误的原始凭证填制，并将原始凭证按要求附在记账凭证之后。年度终了，对所有的记账凭证按规定进行装订。

4. 账簿的登记。启用账簿应在扉页上载明企业名称、启用日期、起始页数、会计主管人员和记账人员姓名，并盖章或签字。要求根据记账凭证或记账凭证汇总表登记有关明细账，期末进行结账。

5. 账务处理程序。采用科目汇总表账务处理程序，月末先根据记账凭证汇总编制科目汇总表，再登记总账。

6. 结出各类账簿各账户的本期发生额及期末余额，将总分类账与有关明细分类账、日记账进行核对。

7. 编制模拟企业当期的资产负债表、利润表和现金流量表。

8. 会计核算期间。20××年1月1日至12月31日，学生实际操作业务期间为20××年12月1日至12月31日。

（三）实验组织

本实验可根据具体情况分小组进行或一个人独立完成。一个人独立完成工作量比较大，分小组可采用四人一组，要求进行财务分工，专门设置财务主管，对本小组的情况进行监督和审核。这样既节约了核算时间又明确了责任，有利于全面、系统地熟悉和掌握整个企业会计实务。

由于模拟实验具有一定的局限性，实验资料都是以模拟企业为基础进行实验，仅供教学参考使用。

二、模拟企业基本概况

（一）企业基本情况

企业名称：红叶家具有限责任公司

企业类型：有限责任公司

法人代表：王欣

注册资本：人民币500万元

经营地址：兰州市安宁区滨河路256号

经营范围：生产销售家具产品，销售业务为内销

纳税人识别号：791478569266，该企业为增值税一般纳税人，增值税税率为17%，城市维护建设税税率为7%，教育费附加为3%，企业所得税税率为25%

企业开户银行：中国工商银行兰州市分行滨河路办事处，账号27845637989

银行预留印鉴：（略）

（二）生产工艺流程

该公司设有2个基本生产车间：一车间和二车间。

该公司产品生产工艺流程：一车间生产甲产品和乙产品两种家具产品；二车间生产丙产品一种家具产品。

该公司生产用水和用电等均采用外购方式，与市水电部门定期结算价款。

该公司采用永续盘存制对原材料和库存商品的收、发、存进行数量记录，原材料和产成品入库采用实际成本核算，材料发出采用“先进先出法”计价，销售材料随时结转成本。库存商品出库平时只登记数量，月末甲产品和乙产品采用“全月一次加权平均法”计算产品的销售成本和期末库存商品成本，丙产品销售采用“先进先出法”计算销售成本。

（三）人事分工情况

本公司人事状况如下：总经理办公室下属有三个部门，供销部门、生产部门和财务统计部门，公司有110名职工，无离退休人员。职工分布情况如表3－1所示。

表3－1　　职工分布情况

部门			人数
管理部门			23
生产车间	第一车间	工人	46
		管理人员	6
	第二车间	工人	32
		管理人员	3

（四）模拟实验资料

1. 建账资料。

（1）有关总分类账户和部分明细分类账户余额如表3－2所示。

表3－2

编号	总分类账	明细分类账	借方余额	贷方余额	明细账页格式
1001	库存现金		3000		日记账
1002	银行存款		773550		日记账
1121	应收票据		78000		三栏式
		前进商贸公司	78000		

续表

编号	总分类账	明细分类账	借方余额	贷方余额	明细账页格式
1122	应收账款		221700		三栏式
		云峰贸易公司	115000		
		天乐商场	58000		
		五一百货大楼	48700		
1221	其他应收款		12000		三栏式
		行政科备用金	1500		
		赵玉梅	2000		
		王海	8500		
1402	在途材料	A材料	30000		平行登记式
1403	原材料		503000		数量金额式
		A材料	267000		
		B材料	37800		
		C材料	198200		
1405	库存商品		405300		数量金额式
		甲产品	240000		
		乙产品	117000		
		丙产品	48300		
5001	生产成本		17200		多栏式
		甲产品	10100		
		乙产品	2900		
		丙产品	4200		
1601	固定资产		1920000		
1602	累计折旧			140000	
2001	短期借款			350000	
2202	应付账款			260000	三栏式
		东方公司		18000	
		蓝星公司		89000	
		兴业公司		153000	
2203	预收账款			57000	三栏式
		信谊公司		57000	
2211	应付职工薪酬			82000	三栏式

续表

编　号	总分类账	明细分类账	借方余额	贷方余额	明细账页格式
2221	应交税费			12500	三栏式
		应交所得税		7000	
		应交增值税		5000	
		城建税		350	
		教育费附加		150	
2231	应付利息			5600	
2501	长期借款			100000	
4001	实收资本			2000000	
4002	资本公积			351650	
4101	盈余公积			316000	
4103	利润分配			289000	
	合　计		3963750	3963750	

（2）原材料明细账户资料如表3－3所示。

表3－3

材料名称	计量单位	结存数量	单　价	结存金额
A材料	方	178	1500	267000
B材料	千克	210	180	37800
C材料	千克	991	200	198200
合计				503000

（3）库存商品明细账户资料如表3－4所示。

表3－4

产品名称	计量单位	结存数量	单　价	结存金额
甲产品	套	80	3000	240000
乙产品	套	150	780	117000
丙产品	件	138	350	48300
合计				405300

（4）生产成本明细账户资料如表3-5所示。

表3-5

车间	产品名称	直接材料	直接人工	制造费用	合计
第一车间	甲产品	6100	3200	800	10100
第一车间	乙产品	2300	410	190	2900
第二车间	丙产品	2600	620	980	4200
合计		11000	4230	1970	17200

2. 20××年12月红叶家具有限责任公司发生下列业务。

（1）2日，销售甲产品和丙产品给五一百货大楼，甲产品50套，单价5 000元，丙产品70件，单价690元，收到款项349 011元，存入银行。原始凭证：增值税专用发票、中国工商银行进账单、产品出库单（见附件1-1、1-2、1-3）。

（2）3日，以银行存款预付下一年的报刊订阅费1 080元。原始凭证：报刊发行专用发票、中国工商银行转账支票（见附件2-1、2-2）。

（3）4日，通过银行缴纳上月的各项税费，其中，支付增值税5 000元、所得税7 000元、城市维护建设税350元、教育费附加150元。收到各有关税金及附加的缴款书收据联。原始凭证：增值税缴款书、企业所得税缴款书、城市维护建设税缴款书、教育费附加缴款书（见附件3-1、3-2、3-3、3-4）。

（4）4日，向银行归还短期借款150 000元。原始凭证：银行偿还贷款凭证（见附件4）。

（5）4日，以银行存款向光华化工材料有限责任公司购买B材料400千克，单价179元，款项共计71 600元，以现金支付运杂费400元，材料验收入库。原始凭证：增值税专用发票、服务行业专用发票、中国工商银行转账支票、收料单（见附件5-1、5-2、5-3、5-4）。

（6）5日，接受兰州三友公司的捐款100 000元，存入银行。原始凭证：兰州市工商企业资金往来专用发票、中国工商银行转账支票（见附件6-1、6-2）。

（7）1~5日，生产领用材料62 000元。原始凭证：领料单、发料凭证汇总表（见附件7-1、7-2、7-3、7-4、7-5、7-6、7-7、7-8、7-9）。

（8）5日，提取现金1 500元备用。原始凭证：中国工商银行现金支票（见附件8）。

（9）6日，王海等人出差回来报销差旅费，原预借8 500元，实报8 000元，交回多余现金500元。原始凭证：公出差旅费报销单、收据（见附件9-

1、9-2）。

（10）6日，以银行存款支付西部晨报广告费1 500元。原始凭证：兰州市广告专用发票、中国工商银行转账支票（见附件10-1、10-2）。

（11）16日，收到上月从云南林业公司采购的A材料，价款29 250元，运杂费750元，共计30 000元，材料验收入库。原始凭证：云南省昭通县公路收费发票、收料单（见附件11-1、11-2）。

（12）7日，以银行存款支付一车间机器设备的修理费810元。原始凭证：服务业专用发票、中国工商银行转账支票（见附件12-1、12-2）。

（13）7日，以银行存款预付下一年度的财产保险费36 000元。原始凭证：中国平安保险公司保险费收据、中国工商银行转账支票（见附件13-1、13-2）。

（14）7日，收到赵刚的违章操作罚款210元。原始凭证：红叶家具有限公司收据（见附件14）。

（15）8日，以银行存款支付印花税300元，收到有关税金缴款书收据联。原始凭证：印花税缴款书（见附件15）。

（16）8日，以银行存款归还兴业公司欠款120 000元。原始凭证：兰州市工商企业资金往来专用发票、中国工商银行转账支票（见附件16-1、16-2）。

（17）9日，取得银行半年期的借款70 000元，款项存入存款账户。原始凭证：短期借款申请书、银行贷款收账通知（见附件17-1、17-2）。

（18）9日，以银行存款28 000元购买专利技术。原始凭证：技术贸易专用发票、中国工商银行转账支票（见附件18-1、18-2）。

（19）9日，提取现金3 000元备用。原始凭证：中国工商银行现金支票（见附件19）。

（20）9日，销售科王强预借差旅费3 000元，以现金支付。原始凭证：企业借款单（见附件20）。

（21）10日，以现金支付餐费365元。原始凭证：饮食业统一发票（见附件21）。

（22）11日，以银行存款58 500元向美达汽车经销有限公司购买汽车，其中，价款50 000元，增值税8 500元。原始凭证：增值税专用发票、中国工商银行转账支票（见附件22-1、22-2）。

（23）11日，从银行提取现金146 380元，用于支付12月份的工资。原始凭证：工资结算汇总表、中国工商银行现金支票（见附件23-1、23-2）。

（24）11日，以现金支付停车费350元。原始凭证：兰州服务业专用发票（见附件24）。

(25) 12 日，收到云峰贸易公司支付的前欠货款 69 000 元。原始凭证：工商企业资金往来专用发票、中国工商银行进账单（见附件 25－1、25－2）。

(26) 7～12 日，生产领用材料 83 400 元。原始凭证：领料单、发料凭证汇总表（见附件 26－1、26－2、26－3、26－4、26－5、26－6、26－7、26－8、26－9）。

(27) 13 日，赊销乙产品 110 套给宁夏华丰百货有限责任公司，单价1 350元，共计价款 148 500 元，增值税 25 245 元。原始凭证：增值税专用发票、产品出库单（见附件 27－1、27－2）。

(28) 13 日，以银行存款支付赵大海的住院费 2 555 元。原始凭证：人民医院医疗费收据、中国工商银行转账支票（见附件 28－1、28－2）。

(29) 14 日，收到大宇包装公司支付的 12 月份的房屋出租收入 6 800 元存入银行。原始凭证：固定资产租赁合同、中国工商银行进账单（见附件 29－1、29－2）。

(30) 14 日，盘亏 C 材料 5 千克，价款 1 000 元，增值税 170 元，原因不明。原始凭证：财产物资盈亏报告单（见附件 30）。

(31) 15 日，以银行存款支付第二车间印刷费 2 200 元。原始凭证：服务行业专用发票、中国工商银行转账支票（见附件 31－1、31－2）。

(32) 16 日，以现金购买开座谈会用的水果、烟等 360 元。原始凭证：超市购物发票（见附件 32）。

(33) 17 日，以银行存款支付汽油费共计 1 400 元。原始凭证：石油销售公司销售发票、中国工商银行转账支票（见附件 33－1、33－2）。

(34) 18 日，销售给顺风包装厂 C 材料 300 千克，单价 300 元，价款90 000元，增值税税额 15 300 元，款项收到存入银行。原始凭证：中国工商银行进账单、增值税专用发票、材料出库单（见附件 34－1、34－2、34－3）。

(35) 19 日，以银行存款支付支付兰州自来水公司水费，用水 1 200 吨，单价 1.5 元，价款 1 800 元，增值税税额 306 元，共计 2 106 元，其中，一车间用水 700 吨，二车间用水 300 吨，管理部门用水 200 吨。原始凭证：增值税专用发票、中国工商银行转账支票、外购水费分配表（见附件 35－1、35－2、35－3）。

(36) 19 日，以银行存款支付兰州供电公司电费，用电 4 200 度，单价0.7 元，价款 2 940 元，增值税税额 499.8 元，共计 3 439.8 元，其中，一车间用电 2 500 度，二车间用电 1 500 度，管理部门用电 200 度。原始凭证：增值税专用发票、中国工商银行转账支票、外购电费分配表（见附件 36－1、36－2、36－3）。

(37) 20 日，计提 12 月份的固定资产折旧 6 062 元，其中，一车间折旧

1 764 元，二车间折旧 1 598 元，管理部门使用的固定资产折旧 2 700 元。原始凭证：固定资产折旧计算表（见附件 37）。

（38）20 日，以银行存款支付利息 8 400 元，其中，10 月和 11 月已预提 5 600 元。原始凭证：中国工商银行贷款利息凭证（见附件 38）。

（39）21 日，已查明 C 材料的盘亏是由于保管员刘强过失造成，全部损失从其下月工资中扣除。原始凭证：资产盘点溢缺审批表（见附件 39）。

（40）21 日，计提全年应交的房产税、城镇土地使用税和车船税 2 460 元，并支付。其中，房产税 2 000 元、城镇土地使用税 90 元、车船税 370 元。原始凭证：房产税、土地使用税和车船税纳税申报表、税收缴款书（见附件 40－1、40－2）。

（41）21 日，销售甲产品给兰州华丰有限责任公司 20 套，单价 4 900 元，销售丙产品 30 件，单价 700 元，共计货款 119 000 元，增值税 20 230 元，收到货款 139 230 元，存入银行。原始凭证：增值税专用发票、中国工商银行进账单、产品出库单（见附件 41－1、42－2、41－3）。

（42）22 日，分配 12 月份的工资 146 380 元，并按工资总额的 14% 计提福利费 20 493. 2 元。原始凭证：工资福利费分配表（见附件 42）。

（43）23 日，以现金购买看望困难职工的水果等 212 元，现金支付困难职工补助 800 元。原始凭证：华润超市购物发票、职工困难补助表（见附件 43－1、43－2）。

（44）24 日，以银行存款支付银行手续费 175 元。原始凭证：中国工商银行邮电、手续费凭证（见附件 44）。

（45）26 日，以现金向佳宜文化用品商场购买档案袋等办公用品共计 500 元。原始凭证：商业零售统一发票（见附件 45）。

（46）29 日，按产品生产工人工资计算分配并结转制造费用。原始凭证：制造费用分配表（见附 46）。

（47）30 日，各基本生产车间完工产品验收入库，其中，甲产品完工 50 套，月末有 10 套尚未完工，单位在产品计价标准，直接材料 580 元，直接人工 260 元，制造费用 33 元；乙产品 80 件全部完工；丙产品全部尚未完工，丙产品的在产品数量为 360 件。原始凭证：产品成本计算表、产成品入库汇总表（见附件 47－1、47－2、47－3、47－4）。

（48）30 日，计算结转已销产品的销售成本。原始凭证：产品销售成本计算表（见附件 48）。

（49）31 日，计提本月应缴纳的增值税、城市维护建设税和教育费附加。原始凭证：税费计提表（见附件 49）。

（50）31 日，计算并结转所得税费用。原始凭证：所得税计算表（见附件

50)。

(51) 31 日，结转各损益类账户，计算本月所得税税前利润和税后利润。

(52) 31 日，分配税后利润，经董事会研究决定，按税后净利润的 10% 计提法定盈余公积金，按税后净利润的 5% 计提任意盈余公积金，按税后净利润的 40% 分配现金股利（假定本年 1～11 月实现净利润为 150 000 元)。原始凭证：利润分配表（见附件 51)。

(53) 31 日，年末结转本年利润和利润分配账户。

3. 模拟企业的业务核算流程。具体如图 3－1 所示。

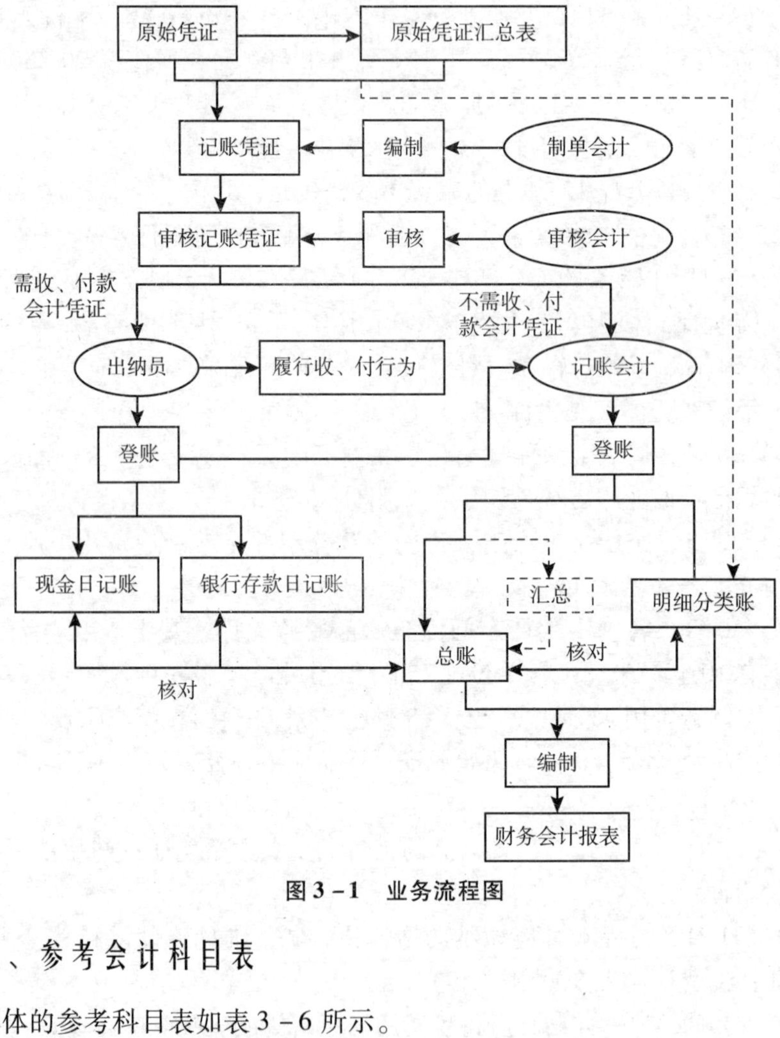

图 3－1 业务流程图

三、参考会计科目表

具体的参考科目表如表 3－6 所示。

表 3-6　会计科目表

顺序号	编号	会计科目名称	顺序号	编号	会计科目名称
		一、资产类	26	1401	材料采购
1	1001	库存现金	27	1402	在途物资
2	1002	银行存款	28	1403	原材料
3	1003	存放中央银行款项	29	1404	材料成本差异
4	1011	存放同业	30	1405	库存商品
5	1012	其他货币资金	31	1406	发出商品
6	1021	结算备付金	32	1407	商品进销差价
7	1031	存出保证金	33	1408	委托加工物资
8	1101	交易性金融资产	34	1411	周转材料
9	1111	买入返售金融资产	35	1421	消耗性生物资产
10	1121	应收票据	36	1431	贵金属
11	1122	应收账款	37	1441	抵债资产
12	1123	预付账款	38	1451	损余物资
13	1131	应收股利	39	1461	融资租赁资产
14	1132	应收利息	40	1471	存货跌价准备
15	1201	应收代位追偿款	41	1501	持有至到期投资
16	1211	应收分保账款	42	1502	持有至到期投资减值准备
17	1212	应收分保合同准备金	43	1503	可供出售金融资产
18	1221	其他应收款	44	1511	长期股权投资
19	1231	坏账准备	45	1512	长期股权投资减值准备
20	1301	贴现资产	46	1521	投资性房地产
21	1302	拆出资金	47	1531	长期应收款
22	1303	贷款	48	1532	未实现融资收益
23	1304	贷款损失准备	49	1541	存出资本保证金
24	1311	代理兑付证券	50	1601	固定资产
25	1321	代理业务资产	51	1602	累计折旧

续表

顺序号	编号	会计科目名称	顺序号	编号	会计科目名称
52	1603	固定资产减值准备	79	2203	预收账款
53	1604	在建工程	80	2211	应付职工薪酬
54	1605	工程物资	81	2221	应交税费
55	1606	固定资产清理	82	2231	应付利息
56	1611	未担保余值	83	2232	应付股利
57	1621	生产性生物资产	84	2241	其他应付款
58	1622	生产性生物资产累计折旧	85	2251	应付保单红利
59	1623	公益性生物资产	86	2261	应付分保账款
60	1701	无形资产	87	2311	代理买卖证券款
61	1702	累计摊销	88	2312	代理承销证券款
62	1703	无形资产减值准备	89	2313	代理兑付证券款
63	1711	商誉	90	2314	代理业务负债
64	1801	长期待摊费用	91	2401	递延收益
65	1811	递延所得税资产	92	2501	长期借款
66	1821	独立账户资产	93	2502	应付债券
67	1901	待处理财产损溢	94	2601	未到期责任准备金
		二、负债类	95	2602	保险责任准备金
68	2001	短期借款	96	2611	保户储金
69	2002	存入保证金	97	2621	独立账户负债
70	2003	拆入资金	98	2701	长期应付款
71	2004	向中央银行借款	99	2702	未确认融资费用
72	2011	吸收存款	100	2711	专项应付款
73	2012	同业存放	101	2801	预计负债
74	2020	贴现负债	102	2901	递延所得税负债
75	2101	交易性金融负债			三、共同类
76	2111	卖出回购金融资产款	103	3001	清算资金往来
77	2201	应付票据	104	3002	货币兑换
78	2202	应付账款	105	3101	衍生工具

续表

顺序号	编号	会计科目名称	顺序号	编号	会计科目名称
106	3201	套期工具	129	6101	公允价值变动损益
107	3202	被套期项目	130	6111	投资收益
		四、所有者权益类	131	6201	摊回保险责任准备金
108	4001	实收资本	132	6202	摊回赔付支出
109	4002	资本公积	133	6203	摊回分保费用
110	4101	盈余公积	134	6301	营业外收入
111	4102	一般风险准备	135	6401	主营业务成本
112	4103	本年利润	136	6402	其他业务成本
113	4104	利润分配	137	6403	营业税金及附加
114	4201	库存股	138	6411	利息支出
		五、成本类	139	6421	手续费及佣金支出
115	5001	生产成本	140	6501	提取未到期责任准备金
116	5101	制造费用	141	6502	提取保险责任准备金
117	5201	劳务成本	142	6511	赔付支出
118	5301	研发支出	143	6521	保单红利支出
119	5401	工程施工	144	6531	退保金
120	5402	工程结算	145	6541	分出保费
121	5403	机械作业	146	6542	分保费用
		六、损益类	147	6601	销售费用
122	6001	主营业务收入	148	6602	管理费用
123	6011	利息收入	149	6603	财务费用
124	6021	手续费及佣金收入	150	6604	勘探费用
125	6031	保费收入	151	6701	资产减值损失
126	6041	租赁收入	152	6711	营业外支出
127	6051	其他业务收入	153	6801	所得税费用
128	6061	汇兑损益	154	6901	以前年度损益调整

附件 1－1

兰州市增值税专用发票

发　票　联

开票日期：20××年 12 月 2 日　　　此联不作报销、扣税凭证使用　　　No. 0026811832

购货单位	名　称	五一百货大楼	密码区	45＊1%68#522、\\5＊5%、45&48＊9%46@3#38 $76%、878&69&5（698^8&48＊6%8
	纳税人识别号	No. 453004001243125		
	地址、电话	山上街 250 号		
	开户银行及账号	工商银行山上街办事处 281150		

商品或劳务名称	计量单位	数量	单价	金额									税率	税额								
				百	十	万	千	百	十	元	角	分		百	十	万	千	百	十	元	角	分
甲产品	套	50	5000		2	5	0	0	0	0	0	0	17%			4	2	5	0	0	0	0
丙产品	件	70	690			4	8	3	0	0	0	0	17%				8	2	1	1	0	0
合计				¥	2	9	8	3	0	0	0	0			¥	5	0	7	1	1	0	0

价税合计（大写）	⊗佰叁拾肆万玖仟零佰壹拾壹元零角零分　¥ 349011.00

销货单位	名　称	红叶家具有限责任公司	备注	
	纳税人识别号	No. 213791478569266		
	地址、电话	安宁区滨河路 256 号		
	开户银行及账号	工商银行滨河路办事处 27845637989		

第四联　记账联　销货方记账

收款人：张平　　　开票人：张红霞　　　开票单位（未盖章无效）：红叶家具有限责任公司

附件 1－2

工商银行进账单（收账通知）3

20××年 12 月 2 日　　　　第 2401 号

<table>
<tr><td rowspan="3">出票人</td><td>全　称</td><td>五一百货大楼</td><td rowspan="3">收款人</td><td>全　称</td><td colspan="10">红叶家具有限责任公司</td></tr>
<tr><td>账　号</td><td>281156550</td><td>账　号</td><td colspan="10">27845637989</td></tr>
<tr><td>开户银行</td><td>工商银行山上街办事处</td><td>开户银行</td><td colspan="10">工商银行滨河路办事处</td></tr>
<tr><td colspan="2" rowspan="2">人民币
（大写）</td><td colspan="3" rowspan="2">叁拾肆万玖仟零壹拾壹元整</td><td>千</td><td>百</td><td>十</td><td>万</td><td>千</td><td>百</td><td>十</td><td>元</td><td>角</td><td>分</td></tr>
<tr><td></td><td>¥</td><td>3</td><td>4</td><td>9</td><td>0</td><td>1</td><td>1</td><td>0</td><td>0</td></tr>
<tr><td colspan="2">票据种类</td><td>转支</td><td>票据张数</td><td>1</td><td colspan="10" rowspan="3">收款人开户银行盖章</td></tr>
<tr><td colspan="2">票据号码</td><td colspan="3">143030</td></tr>
<tr><td colspan="5">复核　　　　记账</td></tr>
</table>

此联是收款人开户银行交给收款人的收账通知

附件 1 －3

产品出库单

No. 001442373

用途：销售　　20××年 12 月 2 日　　产品仓库：一号库

产品名称	单位	数量	单价	金额	备注
甲产品	套	50			
丙产品	件	70			

批准人：　　会计：　　保管：李小文　　发货：张宏　　制单：

附件 2－1

兰州市报刊发行专用发票

发　票　联

户名：红叶家具有限责任公司　　　　　　　　No. 000815

地址：安宁区滨河路 256 号　　　　自费/公费订阅　　日期　12 月 3 日

报刊代号	报刊名称	订阅份数	起止订购	每份月单份	共计款项						
					万	千	百	十	元	角	分
	甘肃日报等	5	20××年 1～12 月			1	0	8	0	0	0
金额合计（大写）	⊗万壹仟零佰捌拾零元零角零分				¥	1	0	8	0	0	0

②报销凭证

收款单位（盖章有效）：兰州市天水路邮局　　收款人：张通　　开票人：王晓玲

附件 2－2

中国工商银行

转账支票存根

支票号码　　No. 2663789628

附加信息

出票日期　　年　　月　　日

收款人：
金额：
用途：

单位主管：　　　　会计：

附件 3－1

中华人民共和国
税收缴款书

填发日期 20××年 12 月 4 日　　　　No. 000813117

收入机关：市国税局　　　　经济类型：有限责任　　　　隶属关系：

预算科目	款（税种）	国　税	缴款单位（人）	代　码	11083
	项			全　称	红叶家具有限责任公司
	级　次	市　级		开户银行	工行滨河路办事处
收款国库		市国库		账　号	27845637989
税款所属时期 20××年 11 月 1 日～11 月 30 日				税款限缴日期 20××年 12 月 15 日	

品目名称	课税数量	计税金额或销售收入	税率或单位税额	已缴或扣除额	实缴金额										
					亿	千	百	十	万	千	百	十	元	角	分
增值税			17%							5	0	0	0	0	0
金额合计（大写）：伍仟元整									¥	5	0	0	0	0	0

缴款单位（人） （盖章） 经办人（章）	税务机关 （盖章） 填票人（章）	上列款项已收妥并划转收款单位账户 国库（银行）盖章 20××年 12 月 4 日	备注：

缴款单位电话：　　　　逾期不缴按照税法规定加收滞纳金　　　　缴款单位所属行业：

第一联（收据）国库（经收处）收款盖章后退缴款单位（人）作完税凭证

附件 3 – 2

中华人民共和国
税收缴款书

填发日期 20××年 12 月 4 日　　　　No. 000813118

收入机关：市国税局　　　　经济类型：有限责任　　　　隶属关系：

预算科目	款（税种）	国　税	缴款单位（人）	代　码	11083
	项			全　称	红叶家具有限责任公司
	级　次	市　级		开户银行	工行滨河路办事处
收款国库		市国库		账　号	27845637989
税款所属时期 20××年 11 月 1 日～11 月 30 日				税款限缴日期 20××年 12 月 15 日	

品目名称	课税数量	计税金额或销售收入	税率或单位税额	已缴或扣除额	实缴金额 亿	千	百	十	万	千	百	十	元	角	分
企业所得税			25%							7	0	0	0	0	0
金额合计（大写）：柒仟元整									¥	7	0	0	0	0	0

缴款单位（人）（盖章）	税务机关（盖章）	上列款项已收妥并划转收款单位账户	备注：
经办人（章）	填票人（章）	国库（银行）盖章 20××年 12 月 4 日	

缴款单位电话：　　　　逾期不缴按照税法规定加收滞纳金　　　　缴款单位所属行业：

第一联（收据）国库（经收处）收款盖章后退缴款单位（人）作完税凭证

附件 3-3

中华人民共和国
税收缴款书

填发日期 20××年 12 月 4 日　　　　No. 000813119

收入机关：市国税局　　　　经济类型：有限责任　　　　隶属关系：

预算科目	款（税种）	国税	缴款单位（人）	代码	11083
	项			全称	红叶家具有限责任公司
	级次	市级		开户银行	工行滨河路办事处
收款国库		市国库		账号	27845637989
税款所属时期 20××年 11 月 1 日～11 月 30 日			税款限缴日期 20××年 12 月 15 日		

品目名称	课税数量	计税金额或销售收入	税率或单位税额	已缴或扣除额	实缴金额 亿	千	百	十	万	千	百	十	元	角	分
城市维护建设税			7%								3	5	0	0	0
金额合计（大写）：叁佰伍拾元整										¥	3	5	0	0	0

缴款单位（人）（盖章） 经办人（章）	税务机关（盖章） 填票人（章）	上列款项已收妥并划转收款单位账户 国库（银行）盖章 20××年 12 月 4 日	备注：

缴款单位电话：　　　　逾期不缴按照税法规定加收滞纳金　　　　缴款单位所属行业：

第一联（收据）国库（经收处）收款盖章后退缴款单位（人）作完税凭证

附件 3 - 4

中华人民共和国
税收缴款书

收入机关：市国税局　　　　填发日期 20××年 12 月 4 日　　　　No. 000813120

经济类型：有限责任　　　　隶属关系：

预算科目	款（税种）	国税	缴款单位（人）	代码	11083
	项			全称	红叶家具有限责任公司
	级次	市级		开户银行	工行滨河路办事处
收款国库		市国库		账号	27845637989
税款所属时期 20××年 11 月 1 日 ~11 月 30 日			税款限缴日期 20××年 12 月 15 日		

品目名称	课税数量	计税金额或销售收入	税率或单位税额	已缴或扣除额	实缴金额 亿	千	百	十	万	千	百	十	元	角	分
教育费附加			3%								1	5	0	0	0
金额合计（大写）：壹佰伍拾元整										¥	1	5	0	0	0

缴款单位（人）（盖章） 经办人（章）	税务机关（盖章） 填票人（章）	上列款项已收妥并划转收款单位账户 国库（银行）盖章 20××年 12 月 4 日	备注：

缴款单位电话：　　　　逾期不缴按照税法规定加收滞纳金　　　　缴款单位所属行业：

第一联（收据）国库（经收处）收款盖章后退缴款单位（人）作完税凭证

附件 4

偿还贷款收据

偿还贷款凭证（第一联）

20××年 12 月 4 日

<table>
<tr><td>借款单位</td><td>红叶家具有限责任公司</td><td>贷款账号</td><td>84621</td><td colspan="5">结算账号</td><td colspan="5">27845637989</td></tr>
<tr><td rowspan="2">还款金额
（大写）</td><td colspan="3" rowspan="2">壹拾伍万元整</td><td>千</td><td>百</td><td>十</td><td>万</td><td>千</td><td>百</td><td>十</td><td>元</td><td>角</td><td>分</td></tr>
<tr><td></td><td>¥</td><td>1</td><td>5</td><td>0</td><td>0</td><td>0</td><td>0</td><td>0</td><td>0</td></tr>
<tr><td>贷款种类</td><td>短期借款</td><td>借出日期</td><td>20××年 6 月 4 日</td><td colspan="5">原约定还款日期</td><td colspan="5">20××年 12 月 4 日</td></tr>
<tr><td colspan="4">上列款项请由本单位 27845637989 账户内偿还到期贷款，借款期限为 6 个月，用于生产经营周转

借款单位盖章</td><td colspan="10">会计分录
收：
付：

复核员：　　　　记账员：张雅兰</td></tr>
</table>

附件 5－1

兰州市增值税专用发票

发　票　联

开票日期：20××年12月4日　　　　此联不作报销、扣税凭证使用　　　　No. 8118320026

购货单位	名　称	红叶家具有限责任公司	密码区	4#56&8＊882？048＞75 4558%91＊456＋57＋54 2\2＊56^98/12%43@56
	纳税人识别号	No. 213791478569266		
	地址、电话	安宁区滨河路256号		
	开户银行及账号	工商银行滨河路办事处27845637989		

商品或劳务名称	计量单位	数量	单价	金额									税率	税额								
				百	十	万	千	百	十	元	角	分		百	十	万	千	百	十	元	角	分
B材料	千克	400	179			7	1	6	0	0	0	0	17%			1	2	1	7	2	0	0
合计				¥		7	1	6	0	0	0	0			¥	1	2	1	7	2	0	0

价税合计（大写）　⊗佰⊗拾捌万叁仟柒佰柒拾贰元零角零分　¥ 83772.00

销货单位	名　称	光华化工材料有限责任公司	备注	
	纳税人识别号	No. 53122890638528		
	地址、电话	兰州市西固区五一路851号		
	开户银行及账号	工商银行五一办事处52674834		

第二联　发票联　购货方记账

收款人：雷平　　　　开票人：张少红　　　　开票单位（未盖章无效）：光华化工材料有限责任公司

附件 5－2

兰州市服务业专用发票

付款单位：红叶家具有限责任公司　　20××年12月4日　　No. 2663789629

服务项目	单位	数量	单价	金额								
				百	十	万	千	百	十	元	角	分
运输费等								4	0	0	0	0
小写金额合计							¥	4	0	0	0	0
大写金额：⊗佰⊗拾⊗万⊗仟肆佰零拾零元零角零分												

二 付款方财务存

收款单位：通达货运公司　　保管：　　检验：　　制单：李珊

附件 5－3

中国工商银行

转账支票存根

支票号码　No. 2663789629

附加信息

出票日期　　　年　　月　　日

收款人：

金额：

用途：

单位主管：　　　　会计：

附件 5－4

收　料　单

20××年 12 月 4 日　　　　编码：12001546

材料编号	材料名称	规格	材质	单位	数量		实际单价	材料金额	运杂费	合计（材料实际成本）
					发货票	实收				
15045	B 材料		优	千克	400	400	179.00	71600	400	72000
供货单位	光华化工材料有限责任公司			结算方法		支票	合同号	405	单位成本	
备注									180	

④ 验收报销用

主管：史前方　　质量检验员：李　新　　仓库验收：宋　波　　经办人：赵　军

附件 6－1

兰州市工商企业资金往来专用发票

付款单位：兰州三友房地产有限公司　　20××年12月5日　　No. 96002221356

往来项目	单位	数量	单价	金额								
				百	十	万	千	百	十	元	角	分
捐款					1	0	0	0	0	0	0	0
小写金额合计				¥	1	0	0	0	0	0	0	0
大写金额：⊗佰壹拾零万零仟零佰零拾零元零角零分												

二 付款方财务存

收款单位：红叶家具有限责任公司　　保管：　　检验：　　制单：张平

附件 6－2

工商银行进账单（收账通知）3

20××年12月5日　　　　第 00562401 号

出票人	全称	兰州三友房地产有限公司	收款人	全称	红叶家具有限责任公司
	账号	2501564811		账号	27845637989
	开户银行	招商银行平安支行		开户银行	工商银行滨河路办事处
人民币（大写）	壹拾万元整			千 百 十 万 千 百 十 元 角 分	¥ 1 0 0 0 0 0 0 0
票据种类	转支	票据张数	1		
票据号码	982410453				
复核　记账				收款人开户银行盖章	

此联是收款人开户银行交给收款人的收账通知

附件 7－1

领　料　单

凭证编号：11001

用途：生产甲产品　　20××年12月3日　　领料部门：一车间

类别	编号	名称及规格	计量单位	数量	单位成本	总成本	附注：
	25001	B材料	千克	40	180	7200	
合计							

记账：　　保管：刘强强　　检验：　　制单：王蓉

附件 7－2

领　料　单

凭证编号：11002

用途：车间耗用　　20××年12月3日　　领料部门：一车间

类别	编号	名称及规格	计量单位	数量	单位成本	总成本	附注：
	25002	C材料	千克	10	200	2000	
合计							

记账：　　保管：刘强强　　检验：　　制单：王蓉

附件 7-3

领　料　单

凭证编号：11003

用途：生产甲产品　　20××年12月4日　　领料部门：一车间

类　别	编　号	名称及规格	计量单位	数　量	单位成本	总　成　本	附注：
	25003	A 材料	方	15	1500	22500	
合　计							

记账：　　保管：刘强强　　检验：　　制单：王蓉

附件 7-4

领　料　单

凭证编号：11005

用途：生产丙产品　　20××年12月4日　　领料部门：二车间

类　别	编　号	名称及规格	计量单位	数　量	单位成本	总　成　本	附注：
	25004	A 材料	方	10	1500	15000	
合　计							

记账：　　保管：刘强强　　检验：　　制单：王蓉

附件 7－5

领　料　单

凭证编号：11006

用途：生产丙产品　　20××年 12 月 5 日　　领料部门：二车间

类　别	编　号	名称及规格	计量单位	数　量	单位成本	总　成　本	附注：
	25005	C 材料	千克	20	200	4000	
合　计							

记账：　保管：刘强强　检验：　制单：王蓉

附件 7－6

领　料　单

凭证编号：11008

用途：车间耗用　　20××年 12 月 5 日　　领料部门：二车间

类　别	编　号	名称及规格	计量单位	数　量	单位成本	总　成　本	附注：
	25006	C 材料	千克	10	200	2000	
合　计							

记账：　保管：刘强强　检验：　制单：王蓉

附件 7－7

领 料 单

凭证编号：11001

用途：生产乙产品　　20××年12月5日　　领料部门：一车间

类别	编号	名称及规格	计量单位	数量	单位成本	总成本	附注：
	25007	A 材料	方	5	1500	7500	
合计							

记账：　　保管：刘强强　　检验：　　制单：王蓉

附件 7－8

领 料 单

凭证编号：11002

用途：生产乙产品　　20××年12月5日　　领料部门：一车间

类别	编号	名称及规格	计量单位	数量	单位成本	总成本	附注：
	25008	B 材料	千克	10	180	1800	
合计							

记账：　　保管：刘强强　　检验：　　制单：王蓉

附件 7－9

材料发出汇总表

20××年12月5日

用途		A材料		B材料		C材料		合计（元）
		数量（方）	金额（元）	数量（千克）	金额（元）	数量（千克）	金额（元）	
一车间	甲产品	15	22500	40	7200			29700
	乙产品	5	7500	10	1800			9300
	车间使用					10	2000	2000
二车间	丙产品	10	15000			20	4000	19000
	车间使用					10	2000	2000
合计		30	45000	50	9000	40	8000	62000

附件 8

中国工商银行
现金支票存根

支票号码　No. 6326789630

附加信息

出票日期　20××年 12 月 5 日

收款人：红叶家具有限责任公司

金额：¥ 1500.00

用途：零用

单位主管：　　　　会计：张平

附件 9－1

公出差旅费报销单

所属单位：办公室　　　　附件：14 张　　　　20××年 12 月 6 日

代表姓名	王海	同行人数	共 3 人	审批人	王欣	公出任务	开会	自	11	月	30	日	起
								至	12	月	26	日	止

出发				到达				合计	火车费	卧铺	市内车费	汽车大车	住宿费	其他	途中伙食补助费		住勤费	
月	日	时	地点	月	日	时	地点								天数	金额	天数	金额
11	30		兰州	12	1		北京	4820	1200	330	50		2600		2	120	12	520
12	3		北京	12	3		青岛	1250	960	160				130				
12	4		青岛	12	5		兰州	1930	1280	650								
合计								8000	3440	1140	50		2600	130		120		520

原借款	金额	结交余超支金额	报销金额	人民币（大写）	捌仟元整
	8500.00	500.00			

负责人：李玉林　　　　会计：于波　　　　出纳：张平　　　　经手人：王海

附件 9-2

收 据

附件 1 张　　20××年 12 月 6 日　　第 2123356 号

缴款单位：办公室	缴款人：王 海
交 来：差旅费多余 款	
人民币（大写）：伍佰元整	¥ 500.00
收款单位（盖章）：　会计主管：李玉林	收款人：张平

附件 10－1

兰州市广告业发票

发票联

No. 104086336

客户名称：红叶家具有限责任公司　　地址：安宁区滨河路 256 号　　20××年 12 月 6 日

项目	计量单位	数量	单价	金额 万	千	百	十	元	角	分
广告费					1	5	0	0	0	0
合计人民币（大写）	壹仟伍佰元整			¥	1	5	0	0	0	0

②发票联

单位（章）：西部晨报广告部　　地址：城关区草场街 156 号　　开票人：李雨馨

附件 10 – 2

中国工商银行

转账支票存根

支票号码　No. 2663789634

附加信息

出票日期　　年　月　日

收款人：

金额：

用途：

单位主管：　　会计：

附件 11 -1

收 料 单

20××年12月6日　　　　编码：12002

材料编号	材料名称	规格	材质	单位	数量		实际单价	材料金额	运杂费	合计（材料实际成本）
					发货票	实收				
15405	A 材料		优	方	20	20	1462. 50	29250	750	30000
供货单位		云南林业公司			结算方法	托收	合同号	006545250	单位成本	
备注		运费上月已付							1500	

④ 验收报销用

主管：史前方　　质量检验员：李　新　　仓库验收：宋　波　　经办人：赵　军

附件 11－2

云南省昭通县公路收费发票

客户名称：红叶家具有限责任公司　　20××年12月1日　　No. 3696855210

托运单位	云南昭通林场	受理单位	昭通县货运公司	运输合同 字　　号
卸货地点	兰州红叶家具有限责任公司	计费里程		

货物名称	托运重量	货物等级	费率	金额								
				百	十	万	千	百	十	元	角	分
A 材料								7	5	0	0	0
小写金额合计							¥	7	5	0	0	0

大写金额：⊗佰⊗拾⊗万⊗仟柒佰伍拾零元零角零分

二　付款方财务存

制票单位：　　收费章：　　复核：　　制票人：梁栋

附件 12－1

兰州市服务业专用发票

付款单位：红叶家具有限责任公司　　20××年12月7日　　No. 3789635

服务项目	单位	数量	单价	金额								
				百	十	万	千	百	十	元	角	分
修理费								8	1	0	0	0
小写金额合计							¥	8	1	0	0	0
大写金额：⊗佰⊗拾⊗万⊗仟捌佰壹拾零元零角零分												

二 付款方财务存

收款单位：万达修理厂　　保管：　　复核：宋波　　制单：张丽丽

附件 12－2

中国工商银行

转账支票存根

支票号码　　No. 2663789635

附加信息

出票日期　　年　月　日

收款人：

金额：

用途：

单位主管：　　会计：

附件 13－1

中国工商银行

转账支票存根

支票号码　　No. 2663789636

附加信息

出票日期　　年　　月　　日

收款人：
金额：
用途：

单位主管：　　　　会计：

附件 13 –2

中国平安保险公司兰州市公司
保险费收据

No. 1237634635

付款单位：红叶家具有限责任公司　　20××年12月7日　　字第 56468151235 号

被保险人：红叶家具有限责任公司		保险单号：3356924136589521									
承保险别：财产险	保险费：	附加险别：	附加保险费：								
合计金额（人民币大写）：叁万陆仟元整			百	十	万	千	百	十	元	角	分
				¥	3	6	0	0	0	0	0
附注：预付下一年全年的财产保险费											

复核：　　经办人：方杰　　（业务公章）

附件 14

收　据

附件 1 张　　20××年 12 月 7 日　　第 5689 号

缴款单位 生产车间（第一车间）		缴款人 赵　刚	
交　来 违章操作罚款			
人民币（大写）贰佰壹拾元整		¥ 210.00	
收款单位（盖章）：	会计主管：李玉林	收款人：张平	

附件 15

中华人民共和国
税收缴款书

收入机关：市地税局　　填发日期 20××年 12 月 8 日　　No. 69878131

经济类型：有限责任公司　　隶属关系：

预算科目	款（税种）	地　税	缴款单位（人）	代　码	11083
	项			全　称	红叶家具有限责任公司
	级　次	市　级		开户银行	工行滨河路办事处
收款国库		市国库		账　号	27845637989
税款所属时期 20××年 12 月 1 日～12 月 30 日			税款限缴日期 20××年 12 月 30 日		

品目名称	课税数量	计税金额或销售收入	税率或单位税额	已缴或扣除额	实缴金额 亿	千	百	十	万	千	百	十	元	角	分
印花税											3	0	0	0	0
金额合计（大写）：叁佰元整										¥	3	0	0	0	0

缴款单位（人）（盖章） 经办人（章）	税务机关（盖章） 填票人（章）	上列款项已收妥并划转收款单位账户 国库（银行）盖章 20××年 12 月 8 日	备注：

缴款单位电话：　　逾期不缴按照税法规定加收滞纳金　　缴款单位所属行业：

第一联（收据）国库（经收处）收款盖章后退缴款单位（人）作完税凭证

附件 16－1

兰州市工商企业资金往来专用发票

付款单位：红叶家具有限责任公司　　20××年12月8日　　No. 2692200

往来项目	单位	数量	单价	金额								
				百	十	万	千	百	十	元	角	分
归还欠款	兴业公司				1	2	0	0	0	0	0	0
小写金额合计				¥	1	2	0	0	0	0	0	0
大写金额：⊗佰壹拾贰万零仟零佰零拾零元零角零分												

二 付款方财务存

收款单位：兴业公司　　出纳：王宁　　审核：　　制单：张平

附件 16－2

中国工商银行
转账支票存根

支票号码　　No. 2663789640

附加信息

出票日期　　年　　月　　日

收款人：
金额：
用途：

单位主管：　　会计：

附件 17－1

短期借款申请书

20××年12月9日

企业名称	红叶家具有限责任公司	法人代表	王欣	企业性质	有限责任
地址	安宁区滨河路256号	财务负责人	李玉林	联系电话	
经营范围	生产沙发等	主管部门			
借款期限	自20××年12月9日至20××年6月8日			申请金额	¥ 70000.00
主要用途及效益说明： 本公司近半年来生产情况很好，产品销售情况较好，但由于回收货款较困难，特申请短期借款。					
单位财务章： 财务部门负责人（盖章）：李玉林			信贷员意见： 银行主管领导：高丰　　业务部门负责人：高军		

附件 17－2

贷款凭证（3）（收账通知）

20××年12月9日

<table>
<tr><td colspan="2">贷款单位名称</td><td>红叶家具有限责任公司</td><td>种类</td><td>流动资金贷款</td><td>贷款户账号</td><td colspan="10">367985</td></tr>
<tr><td colspan="2" rowspan="2">金额</td><td colspan="4" rowspan="2">人民币（大写）：柒万元整</td><td>千</td><td>百</td><td>十</td><td>万</td><td>千</td><td>百</td><td>十</td><td>元</td><td>角</td><td>分</td></tr>
<tr><td></td><td></td><td>¥</td><td>7</td><td>0</td><td>0</td><td>0</td><td>0</td><td>0</td><td>0</td></tr>
<tr><td rowspan="2">用途</td><td rowspan="2">生产周转</td><td>单位申请期限</td><td colspan="5">自20××年12月9日起至20××年6月8日止</td><td rowspan="2">利率</td><td colspan="7" rowspan="2">6.19%</td></tr>
<tr><td>银行核定期限</td><td colspan="5">自20××年12月9日起至20××年6月8日止</td></tr>
<tr><td colspan="5">上述贷款已核准发放　流动资金　贷款。
并已经收转你单位　滨河路办事处27845637989　账号。
银行签字20××年12月9日</td><td colspan="11">单位会计分录
收入……………………
付出……………………
复核：　　记账：
主管：　　会计：</td></tr>
</table>

附件 18－1

兰州市技术贸易专用发票

发　票　联

付款单位（人）：红叶家具有限责任公司　　　　开票日期：20××年 12 月 9 日

合同项目名称	电锯改进专利											
合同类型	合同登记号	支付方式	技术交易额	合同成交额								
				百	十	万	千	百	十	元	角	分
专利技术	050810	转账	28000.00		¥	2	8	0	0	0	0	0
合计金额（大写）	⊗佰⊗拾贰万捌仟零佰零拾零元零角零分											

②报销凭证

收款单位（盖章有效）：兰州机床研究所　　收款人：张力华　　复核人：　　制票人：张毅

附件 18－2

中国工商银行
转账支票存根

支票号码　　No. 2663789641

附加信息

出票日期　　年　　月　　日

收款人：
金额：
用途：

单位主管：　　　会计：

附件 19

中国工商银行
现金支票存根

支票号码　　No. 63253789631

附加信息

出票日期　　20××年 12 月 9 日

收款人：红叶家具有限责任公司

金额：¥ 3000.00

用途：零用

单位主管：　　　　会计：张平

附件 20

借 款 单 （记 账）

20××年12月9日　　　　顺序第　号

借款单位	＊销售科	姓名	＊王强	级别		出差地点	＊白银等地
						天数	15天
事由	销售产品	借款金额（大写）	叁仟元整　¥3000.00				
单位负责人签章	王欣	借款人签章	＊王强	注意事项	一、有＊者由借款人填写 二、凡借用公款必须使用本单 三、第三联为正式借据，由借款人和单位负责人签章 四、出差返回后三日内结算		
企业领导或授权人批示	同意（签字）	审核意见	同意（签字）				

第三联　借款记账凭证

附件 21

兰州市饮食业统一发票

发　票　联

No. 022593812

客户名称：红叶家具有限责任公司　开票日期：20××年12月10日　　兰地税（2009）第三版（3）

年	月	日	经营项目	单位	数量	单价	金额 千	百	十	元	角	分
20××	12	10	餐费				¥	3	6	5	0	0
合计金额（大写）			⊗仟叁佰陆拾伍元零角零分									

②报销凭证

收款单位（盖章有效）：凯撒海鲜城　　收款人：赵琳琳　　开票人：王娜

注：剪口金额与填写金额不符报销无效（拾元以下除外）

叁佰元	贰佰元	壹佰元

陆拾元	伍拾元	肆拾元	叁拾元	贰拾元	壹拾元

附件 22 -1

兰州市增值税专用发票

发 票 联

开票日期：20××年12月11日　　　此联不作报销、扣税凭证使用　　　No. 8110830262

购货单位			
名　称	红叶家具有限责任公司	密码区	5|587&95＊21#45&85%22 56＊644+44＄45^258#58 58@＊98%752&21^48（8^5
纳税人识别号	No. 213791478569266		
地址、电话	安宁区滨河路256号		
开户银行及账号	工商银行滨河路办事处27845637989		

商品或劳务名称	计量单位	数量	单价	金额									税率	税额								
				百	十	万	千	百	十	元	角	分		百	十	万	千	百	十	元	角	分
客货两用车	辆	1	50000			5	0	0	0	0	0	0	17%				8	5	0	0	0	0
合计					¥	5	0	0	0	0	0	0				¥	8	5	0	0	0	0

价税合计（大写）　⊗佰⊗拾伍万捌仟伍佰零拾零元零角零分　¥ 58500.00

销货单位			
名　称	美达汽车经销有限公司	备注	
纳税人识别号	No. 19082632285683		
地址、电话	甘肃省兰州市八一路563号		
开户银行及账号	建设银行东港办事处128834526		

第四联 记账联 销货方记账

收款人：王彬　　　开票人：　　　开票单位（未盖章无效）：美达汽车经销有限公司

附件 22－2

中国工商银行
转账支票存根

支票号码 No. 6326789643

附加信息

出票日期 年 月 日

收款人：

金额：

用途：

单位主管： 会计：

附件 23 – 1

工资结算汇总表

20××年12月份

车间、部门		基本工资	综合奖金	津贴	缺勤工资	应付工资	代扣伙食费	实发工资	部门负责人签名
一车间	甲产品	32000	1700	220	900	34820	400	34420	贾郁方
	乙产品	11000	1600	190	600	13390	300	13090	张玉兰
	技术人员	10800	800	150	500	12250	200	12050	李明
二车间	丙产品	18000	1700	2000	300	20200	300	19900	夏雪
	技术人员	13000	1600	4000	600	15600	200	15400	王建成
行政管理人员		36000	1900	80	900	38880	500	38380	吴智伟
销售人员		12100	1300	40	300	13740	600	13140	李林平
合计		132900	10600	1280	4100	148880	2500	146380	赵海燕

签字：王欣　　　　制表：张平

附件 23－2

中国工商银行

现金支票存根

支票号码　No. 3789637

附加信息

出票日期 20××年 12 月 11 日

收款人：红叶家具有限责任公司

金额：￥146380.00

用途：发放工资

单位主管：　　会计：张平

附件 24

兰州市服务业专用发票

付款单位：红叶家具有限责任公司　　20××年12月11日　　支票号：

服务项目	单　位	数　量	单　价	金额 百	十	万	千	百	十	元	角	分
停车费								3	5	0	0	0
小写金额合计							¥	3	5	0	0	0
大写金额：⊗佰⊗拾⊗万⊗仟叁佰伍拾零元零角零分												

二 付款方财务存

收款单位：滨河路停车场　　付款：郭玉芳　　制单：赵晓英

附件 25－1

工商银行进账单（收账通知）　3

20××年12月12日　　第13625号

出票人	全　称	云峰贸易公司	收款人	全　称	红叶家具有限责任公司
	账　号	2815681501		账　号	27845637989
	开户银行	交通银行平安支行		开户银行	工商银行滨河路办事处

人民币（大写）	千	百	十	万	千	百	十	元	角	分
陆万玖仟元整			¥	6	9	0	0	0	0	0

票据种类	转支	票据张数	1
票据号码	810144369		

复核　　记账　　收款人开户银行盖章

此联是收款人开户银行交给收款人的收账通知

附件 25－2

兰州市工商企业资金往来专用发票

No. 922014026

付款单位：云峰贸易公司　　20××年12月12日　　支票号：810144369

往来项目	单　位	数　量	单　价	金额 百	十	万	千	百	十	元	角	分
收回前欠购货款						6	9	0	0	0	0	0
小写金额合计					¥	6	9	0	0	0	0	0
大写金额：⊗佰⊗拾陆万玖仟零佰零拾零元零角零分												

二　付款方财务存

收款单位：红叶家具有限责任公司　　保管：　　检验：　　制单：李鑫

附件 26－1

领　料　单

凭证编号：11010

用途：生产甲产品　　20××年12月7日　　领料部门：第一车间

类　别	编　号	名称及规格	计量单位	数　量	单位成本	总　成　本	附注：
	25010	B材料	千克	40	180	7200	
合　计							

记账：　　保管：刘强强　　检验：　　制单：王蓉

附件 26－2

领　料　单

凭证编号：11011

用途：车间耗用　　20××年12月8日　　领料部门：第一车间

类　别	编　号	名称及规格	计量单位	数量	单位成本	总　成　本	附注：
	25011	C材料	千克	28	200	5600	
合　计							

记账：　　保管：刘强强　　检验：　　制单：王蓉

附件 26－3

领　料　单

凭证编号：11012

用途：生产甲产品　　20××年12月8日　　领料部门：第一车间

类别	编号	名称及规格	计量单位	数量	单位成本	总成本	附注：
	25012	A 材料	方	20	1500	30000	
合　计							

记账：　　保管：刘强强　　检验：　　制单：王蓉

附件 26－4

领　料　单

凭证编号：11014

用途：生产乙产品　　20××年12月9日　　领料部门：第一车间

类别	编号	名称及规格	计量单位	数量	单位成本	总成本	附注：
	25013	A 材料	方	10	1500	15000	
合　计							

记账：　　保管：刘强强　　检验：　　制单：王蓉

附件 26－5

领 料 单

凭证编号：11015

用途：车间耗用　　20××年 12 月 10 日　　领料部门：第二车间

类别	编号	名称及规格	计量单位	数量	单位成本	总成本	附注：
	25014	C 材料	千克	5	200	1000	
合计							

记账：　　保管：刘强强　　检验：　　制单：王蓉

附件 26－6

领 料 单

凭证编号：11016

用途：生产丙产品　　20××年 12 月 10 日　　领料部门：第二车间

类别	编号	名称及规格	计量单位	数量	单位成本	总成本	附注：
	25015	C 材料	千克	30	200	6000	
合计							

记账：　　保管：刘强强　　检验：　　制单：王蓉

附件 26－7

领　料　单

凭证编号：11017

用途：生产丙产品　　20××年12月12日　　领料部门：第二车间

类别	编号	名称及规格	计量单位	数量	单位成本	总成本	附注：
	25016	A材料	方	10	1500	15000	
合　计							

记账：　　保管：刘强强　　检验：　　制单：王蓉

附件 26－8

领　料　单

凭证编号：11018

用途：生产乙产品　　20××年12月12日　　领料部门：第二车间

类别	编号	名称及规格	计量单位	数量	单位成本	总成本	附注：
	25017	B材料	千克	20	180	3600	
合　计							

记账：　　保管：刘强强　　检验：　　制单：王蓉

附件 26－9

材料发出汇总表

20××年12月12日

		A材料		B材料		C材料		合计（元）
		数量（方）	金额（元）	数量（千克）	金额（元）	数量（千克）	金额（元）	
一车间	甲产品	20	30000	40	7200			37200
	乙产品	10	15000	20	3600			18600
	车间使用					28	5600	5600
二车间	丙产品	10	15000			30	6000	21000
	车间使用					5	1000	1000
合计		40	60000	60	10800	63	12600	83400

附件 27 – 1

兰州市增值税专用发票

发　票　联

开票日期：20××年 12 月 13 日　　　　此联不作报销、扣税凭证使用　　　　No. 0026811833

<table>
<tr><td rowspan="4">购货
单位</td><td>名　称</td><td colspan="12">宁夏华丰百货有限责任公司</td><td rowspan="4">密码区</td><td colspan="9" rowspan="4">**258%8*2（68%36*94$9
4&55*8^855%572$25#58
2#257$23&65*959）8@72</td></tr>
<tr><td>纳税人识别号</td><td colspan="12">No. 245783145123269</td></tr>
<tr><td>地址、电话</td><td colspan="12">银川市农工大道 369 – 1 号</td></tr>
<tr><td>开户银行及账号</td><td colspan="12">招商银行农工大道办事处 61356373</td></tr>
<tr><td colspan="2" rowspan="2">商品或劳务名称</td><td rowspan="2">计量单位</td><td rowspan="2">数量</td><td rowspan="2">单价</td><td colspan="9">金额</td><td rowspan="2">税率</td><td colspan="9">税额</td></tr>
<tr><td>百</td><td>十</td><td>万</td><td>千</td><td>百</td><td>十</td><td>元</td><td>角</td><td>分</td><td>百</td><td>十</td><td>万</td><td>千</td><td>百</td><td>十</td><td>元</td><td>角</td><td>分</td></tr>
<tr><td colspan="2">乙产品</td><td>套</td><td>110</td><td>1350</td><td></td><td>1</td><td>4</td><td>8</td><td>5</td><td>0</td><td>0</td><td>0</td><td>0</td><td>17%</td><td></td><td></td><td>2</td><td>5</td><td>2</td><td>4</td><td>5</td><td>0</td><td>0</td></tr>
<tr><td colspan="2"></td><td></td><td></td><td></td><td></td><td></td><td></td><td></td><td></td><td></td><td></td><td></td><td></td><td></td><td></td><td></td><td></td><td></td><td></td><td></td><td></td><td></td><td></td></tr>
<tr><td colspan="2">合计</td><td></td><td></td><td></td><td>¥</td><td>1</td><td>4</td><td>8</td><td>5</td><td>0</td><td>0</td><td>0</td><td>0</td><td></td><td></td><td>¥</td><td>2</td><td>5</td><td>2</td><td>4</td><td>5</td><td>0</td><td>0</td></tr>
<tr><td colspan="2">价税合计（大写）</td><td colspan="22">⊗佰壹拾柒万叁仟柒佰肆拾伍元零角零分　¥ 173745.00</td></tr>
<tr><td rowspan="4">销货
单位</td><td>名　称</td><td colspan="12">红叶家具有限责任公司</td><td rowspan="4">备注</td><td colspan="9" rowspan="4"></td></tr>
<tr><td>纳税人识别号</td><td colspan="12">No. 213791478569266</td></tr>
<tr><td>地址、电话</td><td colspan="12">兰州市安宁区滨河路 256 号</td></tr>
<tr><td>开户银行及账号</td><td colspan="12">工商银行滨河路办事处 27845637989</td></tr>
</table>

第四联　记账联　销货方记账

收款人：张平　　　　开票人：张红霞　　　　开票单位（未盖章无效）：红叶家具有限责任公司

附件 27 －2

产品出库单

No. 0012376

用途：销售　　20××年12月13日　　产品仓库：一号库

产品名称	单位	数量	单价	金额	备注
乙产品	套	110			

批准人：　　会计：　　保管：李小文　　发货：杨阳　　制单：

附件 28－1

兰州市人民医院

住院医疗费收据

No. 991764492

姓名：赵大海（医院盖章）

项　目	千	百	十	元	角	分
检查费		1	5	0	0	0
治疗费		7	2	0	0	0
放射费						
手术费		9	0	5	0	0
化验费		3	1	0	0	0
输血费						
输氧费						
观察费						
西药费		4	3	0	0	0
中成药费			4	0	0	0
自费中药						
自费西药						
合　计	2	5	5	5	0	0
人民币（大写）：贰仟伍佰伍拾伍元整						

日期：20××年 12 月 13 日　　　　收款人：周　丽

附件 28－2

中国工商银行

转账支票存根

支票号码　No. 2663789650

附加信息

出票日期　　年　　月　　日

收款人：

金额：

用途：

单位主管：　　　会计：

附件 29－1

固定资产租赁合同

20××年 12 月 14 日　　　　　　第 526 号

出租单位名称	红叶家具有限责任公司		租入单位名称	大宇包装公司	
固定资产名称	产成品仓库	类别		原始价值	406500 元
租金	每月 6800 元	租赁期限	两年	备注	12 月份

收款人：张平　　　　财务科长：李玉林　　　　经手人：李华明

附件 29－2

工商银行进账单（收账通知）3

20××年 12 月 14 日　　　　第 12506124 号

<table>
<tr><td rowspan="3">出票人</td><td>全　称</td><td>大宇包装公司</td><td rowspan="3">付款人</td><td>全　称</td><td colspan="10">红叶家具有限责任公司</td></tr>
<tr><td>账　号</td><td>728115569013</td><td>账　号</td><td colspan="10">27845637989</td></tr>
<tr><td>开户银行</td><td>交通银行自由路办事处</td><td>开户银行</td><td colspan="10">工商银行滨河路办事处</td></tr>
<tr><td colspan="2" rowspan="2">人民币（大写）</td><td colspan="3" rowspan="2">陆仟捌佰元整</td><td>千</td><td>百</td><td>十</td><td>万</td><td>千</td><td>百</td><td>十</td><td>元</td><td>角</td><td>分</td></tr>
<tr><td></td><td></td><td></td><td>¥</td><td>6</td><td>8</td><td>0</td><td>0</td><td>0</td><td>0</td></tr>
<tr><td colspan="2">票据种类</td><td>转支</td><td>票据张数</td><td>1</td><td colspan="10" rowspan="3">收款人开户银行盖章</td></tr>
<tr><td colspan="2">票据号码</td><td colspan="3">124263567</td></tr>
<tr><td colspan="5">复核　　　　记账</td></tr>
</table>

此联是收款人开户银行交给收款人的收账通知

附件 30

财产物资盈亏报告单

20××年 12 月 14 日

名称及规格	计量单位	单价	结存数量		盘　盈		盘　亏		备　注
			账面数量	实存数量	数量	金额	数量	金额	
C 材料	千克	200	888	883			5	1000	进项税额 170
合计		200	888	883			5	1000	共计 1170

仓库保管：李群　　　　会计：陈玉芬　　　　会计：

附件 31 －1

中国工商银行

转账支票存根

支票号码　No. 2663789651

附加信息

出票日期　　年　　月　　日

收款人：

金额：

用途：

单位主管：　　　　会计：

附件 31 -2

兰州市服务行业专用发票

No. 9205260

付款单位：红叶家具有限责任公司（二车间）　　20××年12月15日　　支票号：2663789651

项目	金额								
	百	十	万	千	百	十	元	角	分
印刷费				2	2	0	0	0	0
小写金额合计			¥	2	2	0	0	0	0
大写金额：⊗佰⊗拾⊗万贰仟贰佰零拾零元零角零分									

二 付款方财务存

收款单位：和平印刷厂　　开票人：郭美云

附件 32

兰州市家家乐超市购物发票

购货单位：红叶家具有限责任公司　　20××年12月16日　　No. 00698468246

项目	单位	数量	单价	金额 百	金额 十	金额 万	金额 千	金额 百	金额 十	金额 元	金额 角	金额 分
水果								2	1	0	0	0
烟								1	5	0	0	0
小写金额合计							¥	3	6	0	0	0
大写金额：⊗佰⊗拾⊗万⊗仟叁佰陆拾元零角零分												

二 付款方财务存

收款单位（盖章）：家家乐超市　　收款人：杨明辉　　开票人：刘凯

附件 33－1

兰州市石油销售公司销售专用发票

No. 69812449

付款单位：红叶家具有限责任公司　　20××年12月17日　　支票号：2663789652

项目	金额								
	百	十	万	千	百	十	元	角	分
汽油费				1	4	0	0	0	0
小写金额合计			¥	1	4	0	0	0	0
大写金额：⊗佰⊗拾⊗万壹仟肆佰零拾零元零角零分									

二 付款方财务存

收款单位：安宁区八里铺加油站　　（收款单位公章）　　开票人：张爱琴

附件 33－2

中国工商银行

转账支票存根

支票号码　No. 2663789652

附加信息

出票日期　　年　　月　　日

收款人：
金额：
用途：

单位主管：　　　　会计：

附件 34 －1

工商银行进账单（收账通知）3

20××年 12 月 18 日　　　　第 00254723 号

出票人	全　称	顺风包装厂	付款人	全　称	红叶家具有限责任公司
	账　号	78556562369		账　号	27845637989
	开户银行	建设银行草场街办事处		开户银行	工商银行滨河路办事处

		千	百	十	万	千	百	十	元	角	分
人民币（大写）	壹拾万零伍仟叁佰元整		¥	1	0	5	3	0	0	0	0

票据种类	转支	票据张数	1
票据号码	001269025		
复核　记账			收款人开户银行盖章

此联是收款人开户银行交给收款人的收账通知

附件 34－2

兰州市增值税专用发票

发　票　联

开票日期：20××年12月18日　　　　此联不作报销、扣税凭证使用　　　　No. 0026811838

购货单位	名　称	顺风包装厂	密码区	65 $ 45#88 ( ) 7&89%95 * 5/92 5#68 – 8 ¥ 25@79&21 + 88%/9'94 8%9#5j5@8 * 82 ¥ 2&61··26/ || >5
	纳税人识别号	No. 434531250040012		
	地址、电话	安宁区草场街1002号		
	开户银行及账号	建设银行草场街办事处50281136		

商品或劳务名称	计量单位	数量	单价	金额									税率	税额								
				百	十	万	千	百	十	元	角	分		百	十	万	千	百	十	元	角	分
C材料	千克	300	300			9	0	0	0	0	0	0	17%			1	5	3	0	0	0	0
合计				¥		9	0	0	0	0	0	0			¥	1	5	3	0	0	0	0

价税合计（大写）	⊗佰壹拾零万伍仟叁佰零拾壹元零角零分　¥ 105300.00

销货单位	名　称	红叶家具有限责任公司	备注	
	纳税人识别号	No. 213791478569266		
	地址、电话	安宁区滨河路256号		
	开户银行及账号	工商银行滨河路办事处27845637989		

第四联　记账联　销货方记账

收款人：张平　　　　开票人：张红霞　　　　开票单位（未盖章无效）：红叶家具有限责任公司

附件 34 －3

材　料　出　库　单

凭证编号：11014521

用途：出售　　　　20××年 12 月 18 日　　　　材料仓库：一号库

类别	编号	名称及规格	计量单位	数量	单位成本	总成本	附注：材料储存过多
	51302	C 材料	千克	300	200	60000	
合　计							

二　财务存

记账：　　　　保管：刘强强　　　　制单：王蓉

附件 35 -1

兰州市增值税专用发票

发　票　联

开票日期：20××年12月19日　　　　此联不作报销、扣税凭证使用　　　　No. 566228525552

购货单位	名　称	红叶家具有限责任公司	密码区	468 * 45#88（89%95 * 5/92 + 8 56% &69825 < 58 = 88 + 88）7& %/8%982 ¥ 2#5j5@861 + 26/ǀǀ > 5
	纳税人识别号	No. 213791478569266		
	地址、电话	安宁区滨河路256号		
	开户银行及账号	工商银行滨河路办事处27845637989		

商品或劳务名称	计量单位	数量	单价	金额									税率	税额								
				百	十	万	千	百	十	元	角	分		百	十	万	千	百	十	元	角	分
自来水	吨	1200	1.5				1	8	0	0	0	0	17%					3	0	6	0	0
合计						¥	1	8	0	0	0	0					¥	3	0	6	0	0
价税合计（大写）	⊗佰⊗拾⊗万贰仟壹佰零拾陆元零角零分　¥ 2106.00																					

销货单位	名　称	兰州自来水公司	备注	
	纳税人识别号	No. 5353124256068		
	地址、电话	城关区盘旋路723号		
	开户银行及账号	工商银行盘旋路办事处83852674		

第二联　发票联　购货方记账

收款人：赵力红　　　　开票人：王杨　　　　开票单位（未盖章无效）：兰州自来水公司

附件 35－2

中国工商银行

转账支票存根

支票号码　No. 2663789647

附加信息

出票日期　　年　　月　　日

收款人：

金额：

用途：

单位主管：　　　　会计：

附件 35 - 3

外购水费分配表

20××年 12 月 19 日

应借科目	用水数量（吨）	分配率	分配金额	应交税费——应交增值税（进项税额）	合　计
生产车间（一车间）	700	1.5	1050	178.5	1228.5
生产车间（二车间）	300		450	76.5	481.5
管理部门	200	1.755	351		351
合计	1200		1851	255	2106

审核：　　　　制表：王文华

附件 36－1

兰州市增值税专用发票

发　票　联

开票日期：20××年12月19日　　　　此联不作报销、扣税凭证使用　　　　No. 566228525552

购货单位	名　称	红叶家具有限责任公司	密码区	2&45#%95#54^#5j5@ ＊5/95552 566@885&226＋896＊54丨5&＋8& %/8%98￥ 2888（8961＋26/丨8） 7丨>5
	纳税人识别号	No. 213791478569266		
	地址、电话	安宁区滨河路256号		
	开户银行及账号	工商银行滨河路办事处27845637989		

商品或劳务名称	计量单位	数量	单价	金额									税率	税额								
				百	十	万	千	百	十	元	角	分		百	十	万	千	百	十	元	角	分
工业用电	度	4200	0.7				2	9	4	0	0	0	17%					4	9	9	8	0
合计						￥	2	9	4	0	0	0					￥	4	9	9	8	0

价税合计（大写）　⊗佰⊗拾⊗万叁仟肆佰叁拾玖元捌角零分　￥ 3439.80

销货单位	名　称	兰州市供电公司	备注	
	纳税人识别号	No. 53560652828312		
	地址、电话	兰州市民主路536号		
	开户银行及账号	工商银行民主路办事处67483852		

第二联 发票联 购货方记账

收款人：李晓宁　　　　开票人：余杨　　　　开票单位（未盖章无效）：兰州市供电公司

附件 36－2

中国工商银行
转账支票存根

支票号码　　No. 2663789646

附加信息

____

____

出票日期　　年　月　日

收款人：
金额：
用途：

单位主管：　　会计：

附件 36 -3

外购电费分配表

20××年 12 月 19 日

应借科目	动力用电（分配率 0.7）		照明用电（分配率 0.819）		应交税费——应交增值税（进项税额）	合　　计
	用电度数	分配金额	用电度数	分配金额		
生产车间（一车间）	2500	1750			297.5	2047.5
生产车间（二车间）	1500	1050			178.5	1228.5
管理部门			200	163.8		163.8
合计	4000	2800	200	163.8	476	3439.8

审核：　　　　　　　　　　制表：王文华

附件 37

固定资产折旧计算表

20××年12月份

固定资产类别	预计使用年限	预计净残值	月折旧率	一车间		二车间		管理部门		合计	
				原值	月折旧额	原值	月折旧额	原值	月折旧额	原值	月折旧额
房屋及建筑物	10年	4%	0.8%	90000	720	100000	800	195000	1560	385000	3080
机器设备	6.5年	6.4%	1.2%	52000	624	24000	288	75000	900	151000	1812
其他	13年	2.8%	0.6%	70000	420	85000	510	40000	240	195000	1170
合计				212000	1764	209000	1598	310000	2700	731000	6062

附件 38

中国工商银行贷款利息凭证

20××年 12 月 20 日　　　　第 403212 号

收款单位	账号	765635483	付款人	全　称	红叶家具有限责任公司
	户名	工商银行滨河路办事处		账　号	27845637989
	开户银行	滨河路办事处		开户银行	工商银行滨河路办事处

人民币（大写）	捌仟肆佰元整	千	百	十	万	千	百	十	元	角	分
					¥	8	4	0	0	0	0

积数 159000000	科目＿＿＿＿ 对方科目＿＿＿＿
红叶家具有限责任公司第　四　季度利息 （银行公章）	复核员： 记账员（盖章）：

此联是收款人开户银行交给收款人的收账通知

附件 39

资产盘点溢缺审批表

20××年 12 月 21 日

资产名称	盘盈		盘亏		盘亏原因	审批意见
	数量	金额	数量	金额		
C 材料			5	1170	保管员过失	责任人赔偿
合计						

部门主管：李大伟　　审核：　　制表：王文华

附件 40－1

编码：

地方各税纳税申报表

地税申表三

申报单位：红叶家具有限责任公司　　申报日期：20××年12月21日　　金额单位：元（列至角分）

房产税	从值征收						从租征收					
	项目	房产原值	应税房产原值	计税房产余值	年税率	年应纳税额	本期租金收入	税率	本期计算税额	本期减免税额	本期应纳税额	税款所属期
	房产税	400000	400000		0.5%	2000					2000	全年
	合计											

城镇土地使用税	项目	地段等级	占地总面积（m^2）	免税面积（m^2）	应税面积（m^2）	年单位税额	年应纳税额	本期计算税额	本期减免税额	本期应纳税额	税款所属期
	土地税	1	0.3万		0.3万	0.6	180	90		90	全年
	合计										

车船税	类别	项目	数量（辆、艘）	计税依据（辆、吨）	年单位税额	年应纳税额	本期应纳税额	税收所属期
	载重车		1辆	5吨	20	100.00	100.00	全年
	面包车		1辆	1辆	120.00	120.00	120.00	全年
	轿车		1辆	1辆	150.00	150.00	150.00	全年
	合计						370.00	

单位负责人：王欣　　财务负责人：李玉林　　办税人：于波　　税务机关受理日期：　　税务审核人：林力

附件 40 －2

中华人民共和国
税收缴款书

填发日期 20××年 12 月 21 日　　No. 000813263

收入机关：市税务局　　经济类型：有限责任　　隶属关系：

预算科目	款（税种）	地　税	缴款单位（人） 代　码	11083
	项		全　称	红叶家具有限责任公司
	级次	市级	开户银行	工行滨河路办事处
收款国库		市国库	账　号	27845637989
税款所属时期		20××年	税款限缴日期	20××年 12 月 31 日

品目名称	课税数量	计税金额或销售收入	税率或单位税额	已缴或扣除额	实缴税额 亿	千	百	十	万	千	百	十	元	角	分
房产税										2	0	0	0	0	0
城镇土地使用税												9	0	0	0
车船税											3	7	0	0	0
金额合计（大写）：贰仟肆佰陆拾元整									¥	2	4	6	0	0	0

缴款单位（人）（盖章）	税务机关（盖章）	上列款项已收妥并划转收款单位账户	备注：
经办人（章）	填表人（盖章）	国库（银行）盖章　20××年 12 月 21 日	

缴款单位电话：　　逾期不缴按税法规定加收滞纳金　　缴款单位所属行业：

第一联（收据）国库（经受处）收款盖章后退缴款单位（人）作完税凭证

附件 41－1

兰州市增值税专用发票

发　票　联

开票日期：20××年 12 月 21 日　　　　此联不作报销、扣税凭证使用　　　　No. 0026811836

购货单位	名　称	兰州华丰有限责任公司	密码区	654¥ ＊%@95＊5/92＋88%/9 9648%9#5j5@882¥ 245#8 @635.＊8（）7&8＋9%61… 85&56'54＊8）74＊54＄426/||＞5
	纳税人识别号	No. 783516924324556		
	地址、电话	七一路 312 号		
	开户银行及账号	工商银行七一路办事处 97541563006		

商品或劳务名称	计量单位	数量	单价	金额									税率	税额								
				百	十	万	千	百	十	元	角	分		百	十	万	千	百	十	元	角	分
甲产品	套	20	4900			9	8	0	0	0	0	0	17%			1	6	6	6	0	0	0
丙产品	件	30	700			2	1	0	0	0	0	0	17%				3	5	7	0	0	0
合　计				¥	1	1	9	0	0	0	0	0			¥	2	0	2	3	0	0	0

价税合计（大写）	⊗佰壹拾叁万玖仟贰佰零拾零元零角零分　¥ 139230.00

销货单位	名　称	红叶家具有限责任公司	备注	
	纳税人识别号	No. 213791478569266		
	地址、电话	安宁区滨河路 256 号		
	开户银行及账号	工商银行滨河路办事处 27845637989		

第四联　记账联　销货方记账

收款人：张平　　　　开票人：张红霞　　　　开票单位（未盖章无效）：红叶家具有限责任公司

附件 41－2

产品出库单

No. 0012378

用途：销售　　　　20××年12月21日　　　　产品仓库：一号库

产品名称	单位	数量	单价	金额	备注
甲产品	套	20			
丙产品	件	30			

批准人：　　会计：　　保管：李小文　　发货：杨阳　　制单：

附件 41－3

工商银行进账单（收账通知）3

20××年12月21日　　　　第4012号

<table>
<tr><td rowspan="3">出票人</td><td>全　称</td><td>兰州华丰有限责任公司</td><td rowspan="3">收款人</td><td>全　称</td><td colspan="10">红叶家具有限责任公司</td></tr>
<tr><td>账　号</td><td>97541563006</td><td>账　号</td><td colspan="10">27845637989</td></tr>
<tr><td>开户银行</td><td>工商银行七一路办事处</td><td>开户银行</td><td colspan="10">工商银行滨河路办事处</td></tr>
<tr><td rowspan="2" colspan="2">人民币（大写）</td><td rowspan="2" colspan="3">壹拾叁万玖仟贰佰叁拾元整</td><td>千</td><td>百</td><td>十</td><td>万</td><td>千</td><td>百</td><td>十</td><td>元</td><td>角</td><td>分</td></tr>
<tr><td></td><td>¥</td><td>1</td><td>3</td><td>9</td><td>2</td><td>3</td><td>0</td><td>0</td><td>0</td></tr>
<tr><td colspan="2">票据种类</td><td>转支</td><td>票据张数</td><td>1</td><td rowspan="3" colspan="10">收款人开户银行盖章</td></tr>
<tr><td colspan="2">票据号码</td><td colspan="3">3463565</td></tr>
<tr><td colspan="5">复核　　记账</td></tr>
</table>

此联是收款人开户银行交给收款人的收账通知

附件 42

工资、福利费分配表

20××年12月份　　　　单位：元

车间、部门		工资总额	福利费（工资总额的14%）
一车间	甲产品	34820	4874.8
	乙产品	13390	1874.6
	管理人员	12250	1715
二车间	丙产品	20200	2828
	管理人员	15600	2184
行政管理人员		38880	5443.2
销售人员		13740	1923.6
合　计		148880	20843.2

审核：陈玉珊　　　　制表：陆萌

附件 43－1

兰州市华润超市购物发票

购货单位：红叶家具有限责任公司　　20××年12月23日　　No. 24635698

项目	单位	数量	单价	金额								
				百	十	万	千	百	十	元	角	分
水果	市斤	20	2.50						5	0	0	0
营养粉	袋	4	40.50					1	6	2	0	0
小写金额合计							¥	2	1	2	0	0
大写金额：⊗佰⊗拾⊗万⊗仟贰佰壹拾贰元零角零分												

二　付款方财务存

收款单位（盖章）：华润超市　　收款人：赵光　　开票人：张华

附件 43－2

职工困难补助表

20××年12月23日

姓名	金额（元）	签字（本人签字）
张金鹏	¥ 200.00	
赵俊杰	¥ 200.00	
吴晓云	¥ 200.00	
朱强	¥ 200.00	
人民币（大写）：捌佰元整		¥ 800.00

审核：陈玉珊　　制表：刘静

附件 44

中国工商银行兰州市分行邮、电、手续费收费凭证（借方凭证）　①

20××年12月24日

<table>
<tr><td colspan="10">缴款人名称：红叶家具有限责任公司</td><td colspan="12">信（电）汇　笔　　汇票　笔　　其他　笔</td></tr>
<tr><td colspan="10">账　　号：滨河路办事处27845637989</td><td colspan="12">异托、委托5笔　　支票　笔　　专用托收　笔
2　本</td></tr>
<tr><td colspan="5">邮费金额</td><td colspan="5">电报费金额</td><td colspan="5">手续费金额</td><td colspan="6">合计金额</td><td rowspan="3">科目（借）________
对方科目（贷）______</td></tr>
<tr><td>百</td><td>十</td><td>元</td><td>角</td><td>分</td><td>百</td><td>十</td><td>元</td><td>角</td><td>分</td><td>百</td><td>十</td><td>元</td><td>角</td><td>分</td><td>千</td><td>百</td><td>十</td><td>元</td><td>角</td><td>分</td></tr>
<tr><td></td><td></td><td></td><td></td><td></td><td></td><td></td><td></td><td></td><td></td><td>1</td><td>7</td><td>5</td><td>0</td><td>0</td><td>¥</td><td>1</td><td>7</td><td>5</td><td>0</td><td>0</td></tr>
<tr><td colspan="3">金额合计</td><td colspan="18">人民币（大写）：壹佰柒拾伍元整</td><td>复核：　　记账：</td></tr>
</table>

附件 45

兰州市商业零售统一发票
发 票 联

客户名称：红叶家具有限责任公司　　20××年 12 月 26 日　　No. 000621

货号	品名及规格	单位	数量	单价	超十万元无效	金额 万	千	百	十	元	角	分
	会计账簿	本	50	8.00				4	0	0	0	0
	档案袋	个	20	1.50					3	0	0	0
	中性笔	支	20	3.50					7	0	0	0
合计金额（大写）	⊗万⊗仟伍佰零拾零元零角零分						¥	5	0	0	0	0
付款方式			开户银行及账号									

②报销凭证

收款企业（盖章有效）：佳宜文化用品商场　　收款人：王　娜　　开票人：李晓红

附件 46

制造费用分配表

20××年12月29日

分配对象（产品名称）		分配标准（工资总额）	分配率	分配金额
一车间	甲产品			
	乙产品			
合计				

审核：　　　　制表：刘静

附件 47－1

产品成本计算表

产品名称：甲产品　　　　20××年12月30日　　　　在产品数量：

项　　目	直接材料	直接人工	制造费用	合　　计	备　　注
期初余额					
本期发生额					
累　　计					
完工产品成本					
在产品成本					

审核：　　　　制表：刘静

附件 47 – 2

产品成本计算表

产品名称：乙产品　　　　20××年 12 月 30 日　　　　在产品数量：

项　目	直接材料	直接人工	制造费用	合　计	备　注
期初余额					
本期发生额					
累　计					
完工产品成本					
在产品成本					

审核：　　　　　　　　制表：刘静

附件 47 －3

产品成本计算表

产品名称：丙产品　　20××年12月30日　　在产品数量：

项　目	直接材料	直接人工	制造费用	合　计	备　注
期初余额					
本期发生额					
累　计					
完工产品成本					
在产品成本					

审核：　　制表：刘静

附件 47－4

产成品入库汇总表

20××年12月30日

成本项目	甲产品	乙产品	合计
直接材料			
直接人工			
制造费用			
总成本			
入库数量			
单位成本			

附件 48

产品销售成本计算表

20××年12月30日

产品名称	期初结存			本期完工入库			本期销售		
	数量	单位成本	总成本	数量	单位成本	总成本	数量	单位成本	总成本
甲产品									
乙产品									
丙产品									
合计									

附件 49

附加税费计提表

20××年12月

税费名称	计提依据	计提比例	计提金额	备注
城市维护建设税		7%		
教育费附加		3%		
合计				
备注：以增值税（销项税－进项税）计算出本月实际缴纳增值税税额，作为计提依据				

附件 50

企业所得税计算表

20××年 12 月

项　目	金　额	行　次
主营业务收入		
其他业务收入		
主营业务成本		
其他业务成本		
营业税金及附加		
销售费用		
管理费用		
财务费用		
投资收益		
营业外收入		
营业外支出		
利润总额		
所得税税率	25%	
应交所得税税额		

附件 51

利润分配表

20××年 12 月

项　　目	提取比率	金　　额
提取法定盈余公积	10%	
提取任意盈余公积	5%	
分配股利	40%	
合　计		